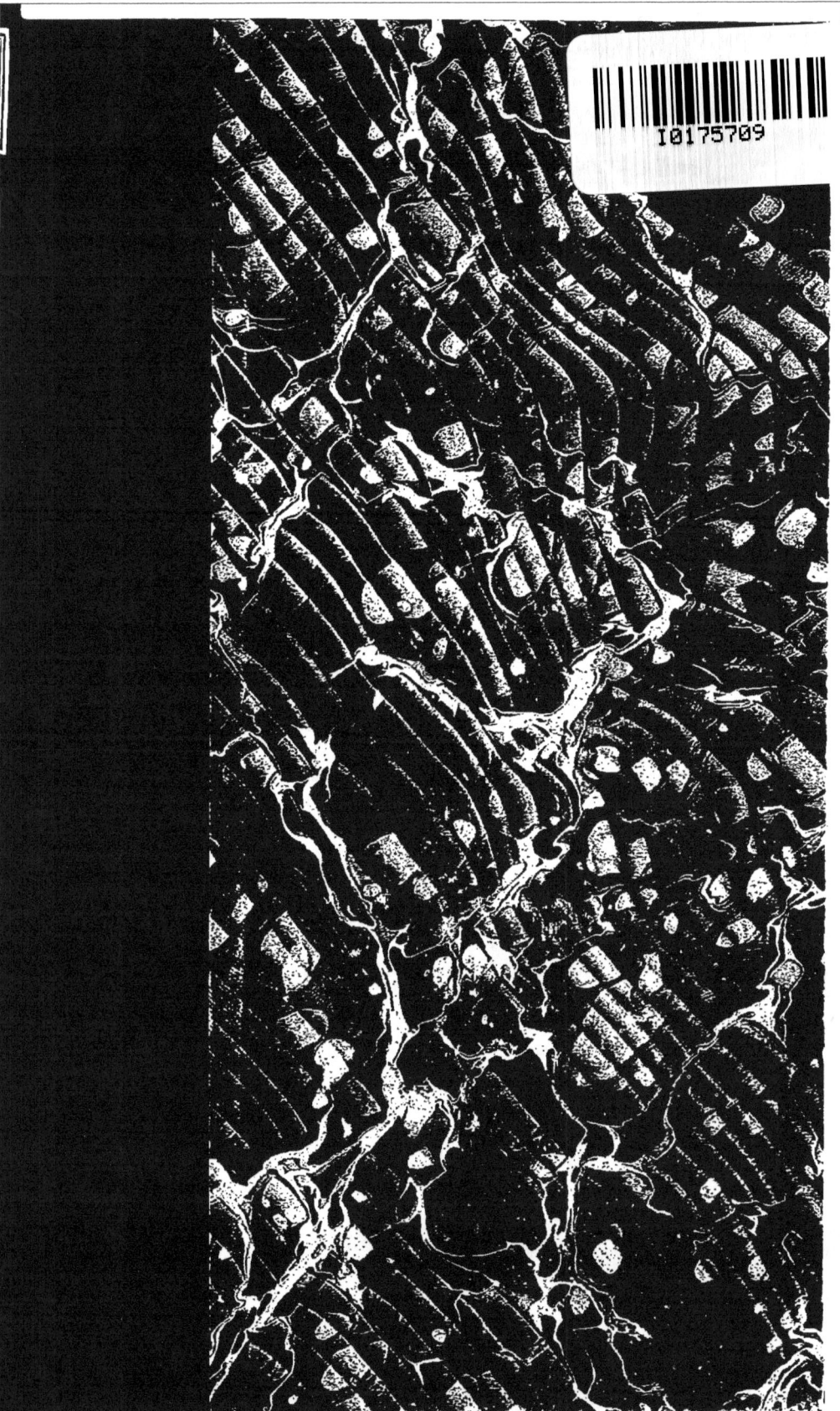

# ACCORD
## DE LA PHILOSOPHIE
## AVEC LA RELIGION,
### OU
# HISTOIRE
## DE LA RELIGION,
### DIVISÉE EN XII ÉPOQUES,

*Par M. l'Abbé YVON.*

### A PARIS,
De l'Imprimerie de VALADE, rue des Noyers.

M. DCC. LXXXII.

*Avec Approbation & Privilége du Roi.*

Le premier Volume de cet Ouvrage est imprimé, & se trouve chez MOUTARD, Imprimeur-Libraire de la Reine, rue des Mathurins, Hôtel de Clugny.

# ACCORD
## DE LA PHILOSOPHIE
### AVEC LA RELIGION,
*OU*
## HISTOIRE
### DE LA RELIGION,
#### DIVISÉE EN XII ÉPOQUES.

L'ABUS qu'on fait de la Philofophie dans ce fiecle, n'eft pas une raifon pour la profcrire, mais il convient de la diftinguer de fon abus : prife dans fon fens naturel, elle eft la même que la raifon perfectionnée. Après la Religion Chrétienne, elle

A

est le plus beau préfent que Dieu ait fait aux hommes. Je n'ai donc point dû les féparer, mais les unir fi intimement, qu'elles puffent toutes deux couler dans un même canal.

Le titre de *Philofophes*, vainement ufurpé par les Incrédules modernes, j'ai cru devoir, à l'exemple de Lactance, le revendiquer pour les vrais Chrétiens, les feuls vrais Philofophes en fait de morale & de religion. Auffi ai-je penfé, quand je formai le projet de défendre le Chriftianifme, que je ne pouvois donner à mon Ouvrage un titre qui remplît mieux mon idée, que celui de l'*Accord de la Philofophie avec la Religion*. D'après cette idée, j'ai dû naturellement former une efpece de confédération entr'elles, pour les faire agir toutes deux de concert dans leur défenfe mutuelle. Il en eft d'elles comme des deux Puiffances fpirituelle & temporelle, qui, quoiqu'elles aient des intérêts différens en raifon de leur propre domaine, fe font néanmoins confédérées pour leur intérêt commun. Toute vérité venant également de Dieu, le Théologien & le Philofophe ne doivent jamais être en contradiction l'un avec l'autre. Il eft donc néceffaire qu'ils fe concilient; le premier, pour ne pas réfifter aux vérités naturelles qui ne devoient paroître qu'avec le tems; & le fecond, pour ne pas heurter les vérités furnaturelles.

Une Hiftoire de la Religion, où l'on fe propoferoit de faire contrafter les vérités révélées avec les er-

*avec la Religion.*

reurs humaines, & où en montrant d'un côté l'heureuse influence du Christianisme sur les sociétés civiles, on montreroit de l'autre les fruits empoisonnés que l'impiété a produits, seroit sans doute bien accueillie de ceux qui nourrissent encore en eux des sentimens religieux. Le nombre, il est vrai, en est bien diminué, depuis qu'une grande partie de la société est comme divisée en deux classes d'hommes, dont les uns ont ouvertement secoué le joug de la Foi, & dont les autres, sans l'attaquer de front par des déclamations & des satyres, n'y prennent aucun intérêt par l'esprit & par le cœur. La premiere est composée de ces Ecrivains ardens & fanatiques, qui, contempteurs du Christianisme, laissent couler de leur plume sacrilége des torrens de bile contre Dieu, ses écritures, ses mysteres, ses dogmes, sa morale. La seconde est remplie d'hommes indolens & frivoles, qui n'ont pas encore le ton de l'impiété, quoiqu'ils soient perdus pour la Religion. Ils sont absolument morts pour elle ; de sorte que leur résurrection seroit un prodige plus grand que l'heureuse métamorphose des impies les plus furieux en parfaits chrétiens.

Après m'être consulté beaucoup, & avoir essayé mes forces, j'ai cru pouvoir mieux remplir mon projet, en donnant à mon Ouvrage la forme historique, que si je prenois le ton de dissertateur dogmatique. Cette derniere maniere a quelque chose de trop sec pour ne pas rebuter les Lecteurs. C'est ce que sentit très-bien Fontenelle, lorsque le savant ouvrage de Vandale, sur les oracles des Païens, se transforma sous ses mains en une Histoire très-agréable, où l'érudition reçoit une dose d'agrément que l'Auteur étoit capable de lui donner. En retranchant tout ce qui lui parut avoir peu d'utilité en soi, ou trop peu d'agrément pour récompenser le peu d'utilité, il a donné une bonne leçon à ceux qui voudroient l'imiter, pour ne prendre dans un sujet que ce qu'il peut avoir d'intéressant par son utilité & d'agréable pour se concilier des Lecteurs.

A considérer la Religion depuis son origine jusqu'à nos jours, il est naturel que dans un trajet aussi long il soit arrivé beaucoup de révolutions qui fournissent à l'Histoire une grande quantité de matériaux. La difficulté est d'en faire un choix judicieux. On a beaucoup écrit, soit pour attaquer, soit pour défendre la Religion. Si l'erreur a présidé aux attaques qu'on a faites, elle s'est souvent mêlée dans les défenses qu'on y a opposées, lesquelles ont extrêmement nui à la bonne cause. Le même inconvénient, à peu de chose près, arrive, lorsque par de foibles preuves on énerve les plus fortes.

Si rien n'est plus contraire à la beauté du style que la surabondance des mots, les épithetes oisives, les faux ornemens dont on l'accable, parce que tous ces vices de style le rendent flasque & énervé; il en est de même, dans le genre de démonstration, de tous ces foibles argumens qu'on saisit de préférence à ceux qui reçoivent d'eux-mêmes une force interne, parce que les premiers favorisent les passions.

J'ai divisé mon Ouvrage en douze Epoques, où se placeront d'elles-mêmes, dans un ordre naturel, les révolutions arrivées dans le cours des siecles par rapport à la Religion. On y verra quels traits lui ont été portés, & comment elle les a repoussés. On sera charmé, je pense, de connoître le genre, les aventures & la maniere des grands Auteurs que le Christianisme a produits ou combattus. En montrant nos titres dans leur source, en les exposant à la lumiere la plus pure, si je ne puis persuader nos contradicteurs, au moins je les convaincrai. Je leur mettrai la balance à la main, pour qu'ils jugent eux-mêmes si le Christianisme a toujours triomphé, s'il triomphe encore de leur injustes attaques, & s'ils peuvent le regarder autrement que comme l'ouvrage évident de la sagesse & de la puissance divine.

Mais afin qu'on puisse juger de l'ordre que je dois suivre dans le cours de cette Histoire, je vais exposer la chaîne de mes idées, ou plutôt des matieres qui entrent dans le tissu de chaque époque. C'est un germe qui n'aura plus besoin que d'être développé. C'est à l'Histoire à faire ce développement d'une maniere qui plaise à l'esprit, & qui, par le plaisir, fasse entrer en lui la vérité.

## PREMIERE ÉPOQUE.

*La Religion Patriarchale, pure dans sa source, mais infectée dans ses ruisseaux, qui sont les diverses Religions du Paganisme.*

Cette époque est comme le vestibule du temple que je consacre à la Religion. La nature & la dignité de l'homme ; sa céleste origine ; sa religion primitive ; la mythologie qui lui fut utile, tandis qu'il en conserva le sens allégorique, mais qui dégénéra en idolâtrie, lorsque ce sens se fut éclipsé : voilà les préliminaires que j'ai jugé nécessaires pour répondre d'avance à mille difficultés qui forment des préjugés contre la religion en général. C'est par ces préjugés qu'on fait des irruptions dans des ames foibles, qu'on les remplit de mille soupçons sinistres contre les vérités les plus respectables : & telle est l'imprudence de ceux qui s'en laissent abreuver, qu'ils ouvrent eux-mêmes les portes à l'ennemi, & le reçoivent avec autant de respect & de soumission, que s'il étoit leur légitime souverain.

La connoissance de l'homme doit commencer par lui-même, & c'est peut-être celle que la philosophie a le plus négligée. Lorsque j'ai jetté un regard sur les ouvrages où elle a traité ce sujet, j'ai trouvé qu'avec son jargon métaphysique, elle n'a fait que remplir de ténebres les esprits superficiels, & que, sous un air imposant & scientifique, elle est parvenue à nous donner de l'homme moins de connoisfances que nous n'en avions auparavant. Les mémoires que la religion nous fournit font bien différens. Autant l'une éleve l'homme, autant l'autre le rabaiffe : celle-ci travaille de toutes fes forces à faire difparoître toute différence entre lui & les animaux ; celle-là craindroit de compromettre fa dignité, fi elle ne cherchoit à éloigner les rapprochemens que l'autre voudroit introduire dans des êtres fi divers. Qu'on éleve les bêtes tant qu'on voudra, la feule hiftoire de l'homme nous montre affez la ligne de démarcation que la nature a tracée entr'eux, pour que nous jugions impoffible de les réduire à une même efpece.

La premiere chofe que je lis dans l'hiftoire des établiffemens des Européens dans les deux Indes, c'eft que l'homme a dégradé injuftement les bêtes, en les empêchant de fe réunir & d'étendre leurs connoiffances, pour fe croire d'une nature fupérieure, & s'attribuer une intelligence qui forme une barriere éternelle entre fon efpece & toutes les autres. Ce n'eft point parce qu'il leve les yeux au ciel, comme tous les oifeaux, qu'il eft le roi des animaux, c'eft parce qu'il eft armé d'une main fouple, flexible, induftrieufe, terrible & fecourable. C'eft à l'avantage de cette organifation qu'il doit la fupériorité de fon efpece fur toutes les autres. Si je veux trouver fon origine, le même philofophe me tranfporte dans les temps où un fable aride fort du lit des mers, & vient s'épurer aux rayons du soleil : c'est alors qu'il me fait voir le limon produisant les végétaux, l'animal & l'homme, je n'ai pas besoin d'une autre connoissance, pour deviner que l'Auteur n'a donné à l'homme d'autre religion que celle qui est une invention de l'homme. Aussi dans tout son ouvrage la religion n'est-elle qu'une superstition qui doit toujours être subordonnée à la politique.

Malgré les ténebres dont on a voulu couvrir l'origine de l'homme, il ne peut descendre au-dedans de soi qu'il ne se sente un être double, composé d'esprit & de matiere. Le voilà donc intelligent & même libre, parce que ces deux qualités s'accompagnent nécessairement. Par ces deux sentimens il est rappelé à son origine divine; & il l'est avec une telle conviction, qu'il lui est impossible de méconnoître Dieu dans l'Auteur de son être. Mais s'il existe, ce ne peut être qu'en vertu de la création ; car outre que la matiere ne sauroit être éternelle, son ame, qui en est essentiellement distinguée, seroit un Dieu, si elle n'avoit été tirée du néant. Il y a donc un Dieu créateur.

De l'idée de création découle nécessairement l'unité de Dieu. Or si Dieu est unique, le théïsme doit avoir eu la primauté sur le polythéïsme. On ne pourroit accorder à ce dernier le droit d'aînesse, comme David Hume a fait dans son Histoire naturelle de la religion, sans attirer sur soi l'accusation d'un demi-athéïsme.

Dieu n'ayant pu nous créer que pour sa gloire, a dû nécessairement imposer sur nos têtes le joug de la religion. De cela seul il est aisé de conclure qu'il y a eu une révélation faite à l'homme, sur le genre de culte que l'Etre suprême exige de nous, sur son essence, sur notre existence présente & future. Dieu devoit en quelque sorte ce miracle au premier homme, pour le fixer d'abord dans la connoissance de ses devoirs. Ainsi commence avec le monde la religion, qui a dû être la même dans tous les temps quant à sa substance, quoiqu'elle ait varié dans sa forme, se perfectionnant dans les divers âges par une révélation plus abondante, à-peu-près comme l'homme qui demeurant toujours le même, fait néanmoins des pas vers sa perfection, jusqu'à ce qu'il arrive à l'âge de maturité. Cet âge pour la Religion, fut celui où le Christianisme, enté sur le Judaïsme, perfectionna le culte primitif.

Si les phénomenes les plus extraordinaires ne nous étonnent point dans le monde physique, quand l'exigence du système les appelle, pourquoi nous choqueroient-ils dans le monde moral ? La nature de l'homme étant donnée, en tirer le meilleur parti possible, c'est, pour ainsi dire, le problème que l'éternelle sagesse avoit à résoudre. Notre Religion est une solution de ce Problême.

La Philosophie, dans ses conjectures hardies, a-t-elle trouvé quelque chose d'aussi satisfaisant? Si nous l'interrogeons, elle nous dira que l'homme ne sortit des mains de Dieu que pour être jetté au hasard sur la face de la terre ; que né avec des organes bruts & grossiers, il n'eut d'abord que des sensations ; que plusieurs siecles s'écoulerent dans l'état de pure animalité ; que la perfectibilité dont il est doué agissant lentement, il parvint à déployer les aîles de son intelligence ; que le premier usage qu'il fit de sa raison, fut de se précipiter dans l'idolâtrie, parce que la premiere notion qu'il se fit d'un pouvoir supérieur, le conduisit au polythéïsme.

Si dans toutes ces suppositions où paroît se complaire une philosophie moderne, la nature humaine est dégradée & avilie au dessous des bêtes mêmes, dont l'instinct, qui remplace chez elles la raison, agit aussi-tôt que le jeu des organes se déploie ; s'il n'est point apparent que l'homme ait reçu en puissance des facultés qui ne devoient se développer qu'avec des occasions très-tardives de les exercer ; s'il est ridicule de supposer que la nature auroit suivi un ordre dans lequel l'espece eût déja été vieille, quand l'homme seroit encore enfant : qui ne voit que l'homme a dû d'abord exercer ses facultés, mettre en jeu son imagination & sa mémoire, rendre sa raison active, & conduire, par des degrés plus ou moins rapides, son esprit au terme de perfection dont il est susceptible ? Mais où l'homme a-t-il pu faire toutes ces choses, si ce n'est dans le sein de la société ? Il est donc sociable par sa nature.

Il n'y a de vraie religion que celle qui est révélée, parce qu'en fait de religion Dieu seul peut être l'instituteur de l'homme. Or, qui dit révélation, suppose nécessairement des miracles & des prophéties. C'est à leur sceau que doit être marquée la religion qui a sa racine dans le ciel.

Le monde naissant eut besoin de miracles pour apprendre de qui il tiroit son origine, & pour s'affermir dans la croyance d'un seul Dieu. Le monde corrompu en eut besoin pour repasser du vice à la vertu, & pour empêcher que les principes & les mœurs ne s'abrutissent de nouveau. Le monde idolâtre en eut besoin pour être ramené vers le seul objet digne de son adoration.

Ainsi la création, l'économie mosaïque, le christianisme, sont les trois grandes époques qui apelloient en quelque sorte les miracles ; & Dieu n'a pu les refuser à l'exigence du système moral. Le sage qui considere le temps des miracles, trouve que ces grands coups ont été frappés dans les grandes occasions. Il résulte de-là que la Religion embrasse trois sortes de révélations : la révélation domestique, par qui les Patriarches conduisirent leurs familles ; la révélation nationale, dont Moïse fut le ministre ; & la révélation catholique ou universelle donnée par Jésus-Christ aux hommes. Ces trois révélations, adaptées aux différens états où les hommes se sont trouvés, indiquent un plan constamment suivi depuis le commencement du monde, lequel n'a pu partir que d'une main divine.

Cette vérité une fois supposée, que le théïsme a été la religion primitive, & que le polythéïsme n'en a été que la corruption, il a fallu justifier l'antiquité sur la religion qu'elle a professée : & comme la Mythologie remonte aux premiers temps où les sociétés furent formées, elle ne peut servir à l'apologie de cette antiquité, qu'autant qu'on supposera que le génie allégorique y a présidé; puisque, si elle étoit prise dans un sens historique, il s'ensuivroit que l'idolâtrie auroit été contemporaine du genre humain. Il est donc plus important qu'on ne pense, de donner aux mythologues allégoristes la préférence sur les mythologues historiens. On ne sauroit séparer la Mythologie des grands Mysteres si célebres dans le Paganisme. Or comme ces mysteres ont pris naissance dans les beaux jours du genre humain, la Mythologie y a pris aussi la sienne. Elle est donc antérieure à l'idolâtrie.

Cependant il lui faut donner une origine, & on ne peut guere la trouver que dans la Mythologie même. Il résulte de là qu'il faut expliquer comment & par quels degrés le sens allégorique s'est altéré jusqu'à devenir la source impure de l'idolâtrie. Si la connoissance de Dieu est naturelle à l'homme, il y a néanmoins des circonstances où elle se trouve entourée de préjugés qui offusquent la raison, & d'idées qui la défigurent plus ou moins. L'esprit humain, abandonné à lui-même, ne peut que s'égarer sur une mer aussi vaste & aussi profonde. On sait combien l'idée de Dieu fut outragée dans le Paganisme par les portraits indécens qu'on y fit de la Divinité. Comment les beaux esprits de la Grece & de Rome ont-ils pu balbutier sur des questions que nous trouvons aujourd'hui si accessibles à la raison? Nous ressemblons à ceux qui s'étant servi d'un télescope, s'imagineroient que les autres hommes auroient vu facilement les Satellites de Jupiter, s'ils l'eussent voulu. La révélation est pour nous ce télescope avec lequel nous trouvons si lumineux ce que nous ne pouvions pas même auparavant soupçonner. Le théisme, quoique démontrable par les lumieres de la raison, a pourtant besoin de la révélation, pour échapper à bien des difficultés qui naissent des bornes de l'entendement humain. Les Déistes ne voulant y opposer que la raison, ont prouvé, en devenant Athées, combien elle est impuissante en fait de Religion.

## Seconde Époque.

La Religion mosaïque, la même que la patriarchale, aux cérémonies légales près qui lui furent incorporées chez le peuple de Dieu, lorsqu'il vint à subsister en corps de nation.

La Providence se seroit manqué à elle-même, si la Religion mosaïque ne fût venue pour prescrire contre le polythéisme, qui corrompoit & dévoroit par degrés ce qu'il y avoit de pur & de sain dans le théisme. Il convenoit que Dieu donnât à cette Religion une forme plus auguste, en imprimant sur elle d'une maniere plus marquée le sceau de sa Divinité, sur-tout depuis qu'il avoit arrêté de former Israël en corps de nation. Moyse fut chargé de lui donner des loix, qu'il consigna par l'ordre de Dieu dans les livres qu'il écrivit sous l'impression divine.

Ces livres, connus sous le nom de *Pentateuque*, étant le fondement de la loi judaïque, ont éprouvé de la part des incrédules toutes les difficultés imaginables. Ils ont accumulé mille subtilités pour lui dérober la gloire de ses propres ouvrages. Ils sont allés jusqu'à lui disputer son existence, & à faire de lui, ainsi qu'on a fait d'Orphée, un titre de législation métamorphosé dans la suite en un fameux personnage qui a donné des loix aux Hébreux.

« Nous lisons ce livre, dit David Hume, &
» nous le trouvons rempli de prodiges, de miracles;
» il nous décrit un état du monde & de la nature
» humaine, qui n'a rien de commun avec celui
» d'aujourd'hui, notre chûte de cet état, l'âge
» de l'homme approchant de mille années, la
» destruction du monde par un déluge, le choix
» arbitraire d'un peuple favori du ciel; & ce
» peuple sont les compatriotes de l'auteur : enfin
» leur délivrance de l'esclavage, opérée par les
» prodiges les plus étonnans que l'on puisse s'ima-
» giner. Que chacun mette la main sur la con-
» science, & qu'il déclare, après un examen
» sérieux, s'il pense que la fausseté d'un pareil

» livre, appuyé d'un pareil témoignage, seroit
» une chose plus extraordinaire & plus miracu-
» leuse que ne le sont tous les miracles ensemble
» qu'il renferme; c'est cependant là ce qu'il fau-
» droit pour le faire recevoir, conformément au
» tarif de probabilité qu'on établit ». (Tome II).

Oui, la fausseté d'un pareil livre seroit un plus grand miracle que tous les miracles ensemble qu'il renferme, parce que la violation des loix du monde moral est plus impossible que celle des loix du monde physique. Je prie l'adversaire d'observer que le livre de Moyse a cela de particulier, qu'il a fait le peuple Juif tel qu'il fut autrefois, tel qu'il est encore aujourd'hui; qu'il est aussi ancien que le peuple qu'il a formé; & s'il n'étoit vrai, on ne pourroit rendre raison d'un peuple si différent de tous les autres. Or, l'histoire d'un peuple si extraordinaire n'a dû ressembler en rien aux autres histoires; & si David Hume en eût saisi le véritable esprit, il auroit compris que ce qui le révoltoit dans le surnaturel qu'on y trouve, se tourne en preuve de sa vérité. Nous le trouvons, dit-il, rempli de prodiges & de miracles: mais aussi le sujet qu'on y traite, nous faisoit immanquablement attendre plusieurs de ces miracles. Si l'opinion qui donne un commencement au monde est beaucoup plus plausible que l'opinion qui le lui refuse, un homme sensé peut-il trouver une objection contre le récit de Moyse, dans une qualité qu'il fait qu'il doit avoir? La production des choses, la formation primitive des végétaux & des animaux, n'exige-t-elle pas l'exercice d'un pouvoir qui ne peut pas se montrer dans leur conservation & dans leur propagation?

Si les miracles se bornoient à la nécessité de la création, peut-être pourroit-on réconcilier les sages avec Moïse; mais non, ces miracles se sont fort étendus au-delà, & ont continué beaucoup plus de temps qu'il ne falloit. Eh quoi! Dieu devoit-il donc consulter ces prétendus sages, pour apprendre d'eux où il devoit arrêter sa puissance? Immédiatement après la création, les choses doivent avoir été dans un état fort différent de l'état actuel, & nous n'avons aucun moyen pour en découvrir la durée. Ne devons-nous pas présumer que, comme l'homme dans son enfance doit d'abord être porté dans les bras de sa nourrice, ensuite mené par des lisieres, avant qu'il ait acquis la force de marcher, l'enfance du monde exigeoit à-peu-près de même que Dieu se montrât plus souvent jusqu'à l'entier établissement des loix & de la constitution que nous voyons? Or si les miracles appropriés à l'enfance du monde ont dû avoir un cours déterminé, dans quelle autre histoire que celle de Moïse ont-ils dû être consignés? N'est-elle pas la seule qui jette quelques traits de lumiere sur les siecles qui ont précédé le déluge, & qui sont vuides dans l'histoire profane?

Le Pentateuque, il est vrai, nous est présenté

par

par un peuple ignorant & barbare. Mais, grand Philosophe, daignez nous expliquer comment un système de théisme, aussi raisonnable que sublime, peut se trouver dans les livres d'un tel peuple. Si vous-même vous regardez le polythéisme & l'idolâtrie comme l'apanage des siecles barbares & grossiers, & les vrais principes du théisme comme la production d'un entendement exercé dans la Philosophie & dans les Sciences, apprenez-nous comment est éclose dans l'esprit inculte des Juifs la croyance d'un Être sage & tout-puissant, qui a créé, qui conserve, qui gouverne les cieux & la terre. Autant ces idées sont inconciliables dans les principes du Philosophe Anglois, autant leur accord est facile dans le système chrétien, qui nous donne les dogmes religieux de cette nation, non pour le résultat de leurs raisonnemens, mais de la révélation. Or, si le siége de la révélation a été fixé chez elle, les miracles & les prophéties qu'elle suppose, doivent avoir été dispensés aux Juifs par une providence particuliere.

Qui ne connoît la *Bible enfin expliquée*? tout ce que le sarcasme a de plus subtil, l'ironie de plus piquant, la haine de plus emporté; tout ce que l'honneur d'être chef de parti chez les prétendus philosophes a fait jouer de ressorts pour rassembler des nuages de toutes parts, se trouve dans ce prétendu commentaire.

A tant de productions informes qui avoient

B

déja signalé le coriphée de nos philosophes, cette derniere manquoit pour compléter sa haine contre Moyse & sa Religion. Il a eu pour adjoint, dans cette belle œuvre, l'auteur de l'*Esprit du judaïsme*, qui ne touche à rien dans la Bible qu'il ne le souille & ne l'envenime. La Bible déja si indignement travestie par ces deux écrivains, a eu d'autres ennemis qui se sont présentés avec un appareil de raisonnemens tirés de la chronologie, de la physique, de l'histoire naturelle, des monumens des peuples, des langues orientales, & de toutes les découvertes anciennes & modernes.

Pour imposer silence à cette nuée d'incrédules, nous n'avons qu'à leur opposer les questions suivantes. Le monde a-t-il été créé de rien ? l'a-t-il été dans le temps assigné par Moyse ? La terre a-t-elle été submergée sous les eaux d'un déluge universel ? Le dixieme chapitre de la Genese nous donne-t-il la véritable origine de toutes les nations ? La législation mosaïque, dans ce qui concerne les loix morales & religieuses, civiles & politiques, est-elle la plus parfaite de toutes celles que nous connoissons dans l'antiquité ? La théocratie judaïque a-t-elle pu être établie sans l'intervention de la Divinité ? N'a-t-elle pas dû entraîner avec elle une religion intolérante, déja rendue telle par sa vérité ? Cette religion a-t-elle pu se former sans un concours de miracles & de prophéties ? a-t-elle subsisté jusqu'à Jésus-Christ, l'auteur & le confommateur de la foi, qui l'a fait difparoître devant fa lumiere, comme le foleil fait difparoître, devant la fienne, les ombres de la nuit ? Si tous ces articles font vrais, ils fe tournent en autant de preuves de la divine légation de Moyfe.

En effet, foit que nous le confidérions comme hiftorien, comme légiflateur, comme fondateur d'une Religion, nous le trouverons dans toutes ces fonctions le digne repréfentant de la Divinité.

Sous le premier rapport, c'eft un hiftorien véridique, mais tellement infaillible dans ce qu'il raconte des événemens qui l'ont précédé, qu'il faut de deux chofes l'une, ou qu'il ait été divinement infpiré, ou que la révélation, qui feule les a pu faire connoître, foit defcendue à lui par une tradition bien authentique.

Sous le fecond rapport, c'eft un légiflateur bien fupérieur d'un côté à tous les légiflateurs anciens, qui n'ont rien laiffé de comparable au code religieux, moral & civil des Hébreux, & de l'autre bien inférieur à eux par les loix politiques, fi l'on ne fuppofe qu'il étoit guidé par des lumieres fupérieures aux vues de la fageffe humaine.

Sous le troifieme rapport, c'eft Moyfe fe furvivant à lui-même dans cette longue fuite de prophetes, qui n'ont fait que le copier, & qui en ont gravé de plus en plus la mémoire dans l'efprit de la nation fainte.

Et d'abord il est beau à Moyse de n'avoir point associé une matiere éternelle à l'architecte de l'univers, & d'avoir compris que, si la matiere existe d'elle-même, elle n'a point dû attendre sa perfection d'une main étrangere. Si Dieu est infini, il n'a besoin que de lui-même pour faire tout ce qu'il veut. La raison applaudit d'autant plus volontiers à la création, qu'elle éleve la puissance de Dieu à une hauteur infinie, & qu'elle arrache jusqu'aux dernieres fibres de l'athéisme.

Si une raison éclairée a pu prononcer sur la création proprement dite, il n'en est pas de même quand il s'agit d'en fixer l'époque. Ce fait est proprement du ressort de la révélation. Il n'appartenoit qu'à Moyse de fixer cette époque; & il l'a fait d'une maniere si authentique, que l'incrédulité n'a pu, en feuilletant toutes les histoires, en interrogeant tous les monumens, la reculer au de-là des bornes que cet historien a posées. Les ténebres qui semblent redoubler leur obscurité, à mesure que nous nous avançons dans le champ des antiquités historiques, doivent nous le rendre d'autant plus respectable, que lui seul a semé dans ce champ des points fixes & lumineux, & que le jour luit déja pour lui, quand les autres historiens n'ont que des fables à nous raconter.

On peut ramener à trois classes les sentimens des anciens philosophes sur l'origine des choses. Les uns pensoient qu'une cause intelligente avoit donné la forme, que nous admirons aujourd'hui, à la matiere qui lui étoit coéternelle: les autres, que le hasard & le concours fortuit des atomes avoient été les premiers ouvriers qui eussent donné de l'ordre à l'univers: plusieurs, enfin, que le monde, tel que nous le voyons, étoit éternel, & que sa forme n'étoit point postérieure à la matiere.

Si le système de l'éternité du monde étoit plus suivi & mieux raisonné que celui des Epicuriens, le système de ces derniers avoit sur l'autre des avantages fondés sur les vestiges qu'on rencontroit par-tout de la jeunesse du monde. Pour se tirer d'affaire, on avoit recours aux déluges & aux embrasemens: mais rien n'étoit plus vain, d'autant qu'un déluge ou un incendie universel n'est possible que dans un ordre surnaturel.

A peser les difficultés, il y en avoit beaucoup moins dans le système de l'éternité du monde, que dans celui d'un monde sorti du chaos par un téméraire hasard. Mais comme d'un autre côté ni l'histoire, ni les monumens du monde, ni la nouveauté des arts & des sciences ne pouvoient s'allier avec l'éternité du monde, les Eternalistes pressés de ces objections par les Epicuriens, coupoient ce nœud indissoluble par des déluges & des incendies inventés par la nécessité, & détruits par l'histoire.

Ces difficultés inextricables dans le système des

Epicuriens & dans celui des Eternaliftes, trouvent leur dénouement dans l'hiftoire de Moyfe : car en fixant l'époque du monde, il lui donne la jeuneffe que réclament tous les monumens hiftoriques ; & en le faifant éclore du néant, par une puiffance créatrice, il rend raifon de fon exiftence. C'eft une belle démarche de l'efprit humain d'avoir fait fervir à démontrer l'exiftence de Dieu, la révélation qui a pu feule fixer l'époque de la naiffance du monde. La gloire en eft due à Jacquelot, & s'il n'a pas fu tirer de fon idée tout le parti poffible, il eft facile d'y remédier, en creufant dans la mine qu'il a ouverte.

Adam eft-il la tige du genre-humain ? Voilà un fait établi par Moyfe, lequel intéreffe la révélation en même temps que l'humanité. Il fuit de là que nous ne fommes point étrangers les uns aux autres. Ce fentiment étoit dans le cœur de Voltaire, lors même qu'il s'efforçoit de le combattre comme préjugé. Dominé par je ne fais quelle prévention antimofaïque, il ne s'appercevoit pas que dans cette haine puérile il avoit puifé tous fes préjugés philofophiques. Le plus léger foupçon lui fourniffoit une démonftration, dès qu'il s'agiffoit de combattre Moyfe & tous les Écrivains facrés. Sa prévention contre le véritable Adam, qu'il auroit voulu trouver ailleurs que dans l'Écriture Sainte, lui en fit inventer autant qu'il y a d'hommes diftingués par la couleur, la barbe, le nez, les levres, les yeux. Une idée auffi bizarre a beaucoup rabattu de l'idée qu'on avoit conçue de fes connoiffances phyfiques.

Un autre événement non moins considérable dans l'Histoire Sainte, c'est le déluge universel. Avant le débordement d'une nouvelle philosophie, les coquillages si multipliés sur la terre, en étoient regardés comme les médailles. Ils attestoient celui de Moyse, tel qu'il nous le rapporte. En même temps qu'ils en étoient des preuves incontestables, ils étoient pour tout homme instruit & physicien une preuve physique & toujours subsistante de la vérité de la Religion. Cette preuve fondée sur un fait surnaturel incommodoit beaucoup les Incrédules. Pour en priver les croyans, ils ont imaginé je ne sais combien de systêmes bizarres. Plutôt que de recourir à l'action immédiate du Tout-puissant, ils se sont noyés eux-mêmes dans un déluge d'absurdités. Soit qu'ils aient voulu bâtir le monde, soit qu'ils aient voulu le détruire, ils se sont également égarés; & leurs systêmes sur la théorie de la terre, ont été les funestes avant-coureurs de ceux qu'ils ont fabriqués sur le déluge.

Les sublimes anecdotes de la nature gravées par toute la terre en caracteres ineffaçables, se refusant aux explications physiques des Philosophes qui les ont lues tant à l'intérieur qu'à l'extérieur du globe, nous sommes forcés de nous en tenir au systême de la Bible, qui nous présente le déluge produit par des causes surnaturelles. Son universalité une fois reconnue, ne laissoit à Boulanger aucun moyen d'ima-

giner que dans différens climats il fe fût échapé de l'inondation un petit nombre d'hommes, pour être les tiges de ceux qui fe font arrogé le titre d'Aucthones, d'Indigenes & d'Aborigenes. Une révolution auffi terrible que celle où il peint tous les élémens en guerre les uns contre les autres, la maffe des eaux agitée dans toute fa profondeur, le globe tourmenté par des convulfions violentes, devoit ramener pour jamais l'horreur de l'ancien chaos dans la demeure de l'homme. Si ce grand événement n'eût été produit par des caufes furnaturelles, le genre-humain totalement diffous dans la dépuration générale de l'Univers n'exifteroit plus. Pour moi, j'admire Boulanger, qui voulant conferver un petit nombre d'hommes pour s'en fervir à repeupler la terre, a eu recours à un moyen auffi inexplicable. Pourquoi ne pas les noyer tous? Les Egyptiens ofoient bien le faire. » Après certains périodes de
» temps, difoient-ils, une inondation envoyée du
» Ciel change la face de la terre ; le genre-humain
» a péri plufieurs fois de différentes manieres ; voilà
» pourquoi la nouvelle race d'hommes manque
» de monumens & de connoiffances des temps
» paffés ». (Timée de Platon). Si la terre imprégnée des rayons du foleil en a produit autrefois, pourquoi n'en produiroit-elle plus ?

» Il n'y a, dit M. de Buffon (tome 1. pag. 199),
» il n'y a aucune caufe naturelle qui puiffe produire
» fur la furface entiere de la terre, la quantité

» d'eau qu'il a fallu pour couvrir les plus hautes
» montagnes ; & quand même on pourroit imaginer
» une cause proportionnée à cet effet, il seroit
» encore impossible de trouver quelque autre cause
» capable de faire disparoître les eaux…. A moins
» de supposer que l'eau tombée de la comète a été
» détruite par miracle, elle seroit encore aujour-
» d'hui sur la surface de la terre, couvrant les som-
» mets des plus hautes montagnes. Rien ne carac-
» térise mieux un miracle que l'impossibilité d'en
» expliquer l'effet par les causes naturelles. Nos
» Auteurs ( il parle de Burnet, de Wisthon & de
» Wodwart) ont fait de vains efforts pour rendre
» raison du déluge ; leurs erreurs de physique au
» sujet des causes secondes qu'ils emploient,
» prouvent la vérité du fait tel qu'il est rapporté
» dans l'Écriture Sainte, & démontrent qu'il n'a
» pu être opéré que par la cause première, par la
» volonté de Dieu ».

Après une déclaration aussi formelle que l'est celle-là, on ne s'attendoit pas, il est vrai, à voir M. de Buffon se donner lui-même tant de peine, pour trouver dans les causes naturelles l'explication des eaux qui, de son aveu, ont couvert nos montagnes au moins jusqu'à la hauteur de deux mille trois cents toises, & pour nous faire comprendre comment elles ont disparu ; mais l'inutilité de ses efforts n'a fait que prouver la nécessité de recourir à l'action immédiate du Tout-puissant, pour expliquer par un déluge universel le phénomene de cet amas de coquillages semés dans tout le globe. C'est contre cette vérité que s'inscrit M. de Buffon.

Il faut, nous dit-il, pour rendre raison de ce phénomene, que la Terre ait été sous les eaux plus d'une fois, & beaucoup plus long-temps qu'elle ne le fut pendant le déluge dont parle l'Écriture ; car celui-ci ne suffit pas pour expliquer tous les effets des eaux sur la surface du globe. En effet, comment concevoir que la mer ait pu placer dans un si court intervalle, tant de coquillages & de corps marins, dans tous les continens, à une profondeur considérable, & dans le sein des plus hautes montagnes ? Ce phénomene demeure inexplicable, tant qu'on ne suppose pas que la mer a couvert successivement l'un & l'autre hémisphere, pendant une longue suite de siecles. Or, rien n'est plus aisé à faire que cette supposition, d'autant qu'il est prouvé qu'il y a un mouvement de la mer d'Orient en Occident ; que ce mouvement étant successif, les effets en sont presque imperceptibles ; que c'est la mer qui a formé les montagnes ; & qu'en les formant elle a mêlé des coquillages dans les différens lits dont elles sont composées.

Sans discuter ici les assertions de M. de Buffon, j'observe d'abord que par sa théorie de la terre il enleve au déluge de Moyse ses plus fortes preuves. Car enfin si les dépouilles de l'Océan laissées sur la terre, n'annoncent pas aux enfans de Noé l'affreuse

*avec la Religion.* 27

cataftrophe qui les a produites ; fi les productions marines les plus variées, depuis le fommet des plus hautes montagnes jufques fur la furface des plaines, dans l'intérieur des collines & dans les plus profonds fouterrains, ne rappellent pas fans ceffe les crimes de la terre livrée à la fureur des eaux; le grand événement du déluge eft un hors-d'œuvre dans le monde, & on ne fait plus ce qu'il fignifie. Par le récit qu'en fait Moyfe, il a dû déranger l'harmonie premiere ; il a dû bouleverfer la terre, foulever ou applanir les montagnes ; il a dû enfin femer, jufques dans les entrailles du globe terreftre, les monumens étrangers que nous y trouvons. Si, en détruifant les hommes, il n'a pas entiérement changé la face de la terre, il n'a pas moins fallu qu'un miracle pour empêcher les effets de la chûte, du féjour & de la retraite des eaux. Ainfi les miracles fe multiplient fous la main de M. de Buffon. Il en a fallu un pour élever les eaux à cette hauteur qui furpaffe le fommet des plus hautes montagnes ; puifque, felon lui-même, jamais les caufes naturelles n'ont fuffi & ne fuffiront pour inonder toute la furface de la terre. Il en a fallu un autre pour faire difparoître l'océan fous lequel les montagnes étoient enfevelies. Il en a fallu un troifieme pour fufpendre les effets du déluge fur la terre. Puifque, pour empêcher un bouleverfement total dans le globe inondé, il auroit fallu de nouveaux miracles, auffi grands que l'inondation même, un Phyficien obfervateur trouver plus simple de chercher une cause physique à cette fameuse révolution dans l'histoire de Moyse que dans les systêmes de M. de Buffon, de Tellia med, & de tant d'autres, qui se sont épuisés en suppositions chimériques.

Et en effet, rien n'est plus frêle que la théorie de la terre de M. de Buffon, à laquelle il a cru devoir faire des changemens dans ses sept époques de la nature. 1°. Le mouvement périodique & courant de la mer, d'orient en occident, est faux, impossible, contraire à toutes les expériences & aux loix connues du mouvement. 2°. La formation des montagnes par la mer est un systême faux & absurde, sur lequel il a lui-même varié. 3°. Avec un mouvement lent & successif il n'explique point comment les animaux, les plantes, les coquillages des Indes ou de l'Amérique, ont été transportés dans nos terres, ce transport n'ayant pu être fait que par un mouvement brusque, impétueux, tel qu'il a dû arriver pendant le déluge. 4°. Si le déluge servit uniquement à détruire l'homme & les animaux, s'il n'a changé en aucune façon la surface de la terre, il s'ensuit qu'il ne reste sur la terre aucun monument du déluge, & qu'il n'a plus d'autre preuve de lui-même, que ce qu'en dit l'Ecriture. Or, ne reconnoître le déluge que de cette manière, c'est autant que si on le nioit; c'est mettre fort à leur aise les incrédules modernes.

Toute l'espérance du genre-humain ayant été

renfermée dans la famille de Noé, on doit regarder ses trois fils comme les trois tiges d'où se sont élevés tous les hommes actuellement existans. C'est en suivant le fil des générations, c'est en les plaçant dans des contrées connues & dans des tems déterminés, que Moyse rend raison de l'origine de tous les peuples. Le cercle qu'il a tracé dans l'aire des tems historiques, & dans lequel il a compris toutes les nations, tout resserré qu'il est, doit en imposer à nos Philosophes modernes, trop novices dans l'antiquité pour pouvoir même y atteindre. C'est dans le X$^e$. chapitre de la Genese, le morceau de Géographie le plus ancien & le plus précieux qu'il y ait au monde, qu'il a posé une barriere, devant laquelle s'arrêtent toutes les histoires qui ne sont pas fabuleuses. Que penserons-nous donc de celle de M. de Buffon qui a franchi cette barriere?

L'époque de la création, fixée par Moyse, l'universalité du déluge, la dispersion des hommes, tous originairement descendus d'un même pere, présentent trois faits, qui jusqu'à nos jours avoient assuré à l'histoire de Moyse le caractere d'un livre divinement inspiré, d'autant que ces faits n'ont pu être connus que par la révélation. Ils lui servoient alors d'appui, au lieu qu'aujourd'hui c'est elle qui leur en sert. De cette maniere nous ne sommes obligés de croire ces trois faits que sur le témoignage de l'Ecriture. Mais de quel prix doit-il être à nos yeux, si elle manque elle-même du témoignage que lui prêtoient ces trois faits, qui doivent avoir leur source ailleurs que dans l'Ecriture ? Nous ne devons pas leur donner notre assentiment, parce que l'Ecriture en parle. Ce n'est pas elle qui leur donne leur certitude, puisqu'elle ne sauroit être fondée que sur l'impossibilité de prouver que le monde est plus ancien que ne l'a fait Moyse; que les coquillages dispersés dans tout le globe ne sont pas des vestiges du déluge; & qu'il y a eu des peuples antérieurs à ceux dont il est parlé dans le X$^e$. chapitre de la Genese. Les faits, dont ce livre parle, n'ayant pu être connus que par la révélation, lui impriment un caractere de divinité. Ne donner à ces faits d'autre certitude que celle qu'ils tireroient de l'Ecriture, & les combattre en même tems, comme M. de Buffon l'a fait dans sa théorie de la terre, & dans son livre des sept époques de la nature, qu'est-ce autre chose que de feindre du respect pour Moyse, & de faire céder à sa propre raison l'autorité de ce grand homme ? Autant donc on montre d'ardeur à enfanter des systêmes anti-mosaïques, autant devons-nous en montrer pour les combattre.

Dans l'ancien Testament tout retentit au Pentateuque comme au centre commun; en sorte qu'on ne peut en attaquer la pureté & l'authenticité, sans ébranler en même tems toute l'Histoire Juive. Les Ecrits des Prophetes, les Pseaumes de David, les autres livres de la nation, tiennent à ceux de Moyse par une liaison inséparable, comme l'édifice au fondement. Ce font des parties d'un tout indivifible, qui fe rendent un perpétuel hommage, & fe prêtent un mutuel appui. De cet enfemble de livres liés entr'eux par des nœuds indiffolubles, & préfentant une foule de faits éclatans, qui ont eu pour témoin toute une nation, il réfulte une maffe d'argumens en faveur de la divine légation de Moyfe, & il ne faudroit pas moins qu'un miracle, pour qu'une chofe auffi bien prouvée fût néanmoins fauffe.

Pour affoiblir la force des prophéties & en tempérer l'éclat, les incrédules, abufant des diverfes acceptions dans lefquelles le mot *Prophete* eft pris, ont traduit ceux auxquels Dieu révéloit l'avenir, comme des vifionnaires, des charlatans, qui faifoient un métier de la prophétie, qui s'y exerçoient comme à tout autre art, & qui étoient la plus vile efpece qu'il y eût parmi les Juifs. Collins les regardoit comme des hiftoriens qui ont décrit d'un ftyle énigmatique, allégorique & figuré, fouvent très-confus, les événemens arrivés, foit avant eux, foit de leur temps, auxquels ils ne manquoient pas de joindre des vifions, des révélations; il les comparoit aux devins du paganifme, réduifant tout leur office à découvrir les effets perdus, & à dire la bonne-aventure à ceux qui s'adreffoient à eux. Traiter ainfi Moyfe, David, Ifaïe, Jérémie, Ezéchiel, Daniel, &c. c'eft porter l'impudence à fon comble. Leurs prophéties font la meilleure arme qu'on puiffe oppofer aux traits lancés contre leurs perfonnes.

## TROISIEME ÉPOQUE.

*La Religion Payenne prenant diverses formes relatives au climat, aux loix, au caractere du gouvernement.*

Si les hommes descendent tous d'une même famille, l'idée qui se présente à l'esprit, c'est qu'ils ont commencé par une même Religion, qui n'a pu être que le théisme. La formation & l'éducation de l'homme étant deux ouvrages au-dessus de toutes les forces de la nature, il en résulte que le premier homme a dû avoir Dieu, si l'on peut ainsi parler, pour sa nourrice, & pour son instituteur.

Tant que les hommes, encore tout trempés des eaux du déluge, furent rassemblés dans les plaines de Sennaar, ils conserverent leurs lumieres dans toute leur pureté. A peine furent-ils dispersés, qu'on vit la Religion se défigurer peu-à-peu, & prendre quelque chose du terroir où elle se fixoit. Tout ce qui ne pouvoit être apperçu que par l'esprit, se perdit insensiblement & s'enfonça dans l'oubli, chez des peuples où la mémoire seule étoit dépositaire de ces vérités. De toutes celles que les Patriarches avoient enseignées, rien ne subsista que ce qui faisoit sur l'imagination une impression forte & profonde. Ainsi disparut le dogme de la création, trop élevé au-dessus des sens

pour

pour leur donner aucune prife fur lui. Il n'en fut pas de même du fouvenir du chaos d'où le monde étoit forti, du déluge qui avoit fubmergé la terre, parce que l'imagination pouvoit fe repréfenter tous ces objets, fpectacle frappant d'une puiffance redoutable.

La premiere Religion fut dénaturée par ceux mêmes qui conferverent le plus de connoiffances anti-diluviennes, tels que les Chaldéens, les Perfes, les Indiens, les Chinois, les Egyptiens, les Phéniciens, les Celtes. Du même fond d'efprit qu'ils altérerent leurs connoiffances phyfiques & aftronomiques, ils corrompirent leur religion.

C'eft une chofe bien étonnante que ce nombre prodigieux de Religions qui ont régné dans le monde ; mais cet étonnement ceffe pour ceux qui font attention que l'erreur fe diverfifie de mille manieres différentes. La vérité feule eft toujours femblable à elle-même, & il s'en faut beaucoup qu'elle ait préfidé à toutes les Religions. Comme la vérité eft avant l'erreur, le théifme a dû précéder le polythéifme. Auffi voyons-nous, en remontant dans l'antiquité, que les Celtes, les Gaulois, les Germains, les Chaldéens, les Perfes, les Indiens, les Chinois, les Egyptiens, les Grecs & les Romains ont été de vrais théiftes dans leur origine. Mais comment ont-ils paffé du théifme au polythéifme ? S'il étoit vrai que tous les peuples euffent commencé par être fauvages, cet état fuffiroit pour donner le mot de l'énigme : mais il est abſurde de donner cette origine au genre-humain. La difficulté n'eſt pas de ſavoir comment des peuples devenus ſauvages ſont tombés du théiſme dans le polythéiſme ; mais pourquoi ils ſont devenus tels, étant iſſus d'aïeux qui ne l'étoient pas. Autre difficulté. Comment des peuples qui ne furent jamais ſauvages, de théiſtes qu'ils étoient ſont-ils devenus polythéiſtes ?

Le ſavant Evêque de Gloceſter, Warburton, s'eſt attaché à prouver que les initiés aux myſteres apprenoient trois choſes : 1°. l'origine de la ſociété civile : 2°. le dogme des peines & des récompenſes futures : 3°. la fauſſeté du polythéiſme, & le dogme de l'unité de Dieu.

Le Docteur Leland, & après lui M. l'Abbé Bergier, ont conteſté au Prélat Anglican, ce point des myſteres, ſavoir; la fauſſeté du polythéiſme & l'unité de Dieu. Cependant, ſans ce point eſſentiel qui empêcha une partie du genre-humain de tomber dans l'abrutiſſement, on ne ſait plus ſur quel fondement les auteurs Grecs & Latins ont prodigué tant d'éloges aux myſteres, comme à une inſtitution ſalutaire, ni ce qu'on doit penſer de la mythologie qui en eſt inſéparable. Ce n'eſt pas aſſez d'adminiſtrer des preuves en faveur du théiſme des ſociétés naiſſantes, ſi l'on n'explique en même temps comment elles ont paſſé du théiſme au polythéiſme. La mythologie ſeule peut expliquer ce paſſage, ſur-tout quand il s'agit de peuples qui ne furent jamais fauvages, tels, par exemple, que les Chaldéens, les Perfes, les Indiens, les Egyptiens. Pure dans fon origine, elle renfermoit fous l'écorce de fes fables, des vérités. Son génie allégorique s'étant éclipfé avec le temps, on y fubftitua des hiftoires qui donnerent naiffance au polythéifme & à l'idolâtrie.

Les Religions Chaldéenne & Perfane font deux fœurs qu'il eft aifé de reconnoître à leurs traits de famille. Seulement elles ont emprunté du climat quelques légeres différences qui ne nuifent point à leur reffemblance. Celle des Indiens a des traits plus marqués qui la différencient. Quant à la Religion Chinoife, elle tranche abfolument avec elles : elle paroît avoir été une branche du fcythifmes, efpece de Religion qui varioit comme les peuples qui la profeffoient. Jamais les Tartares n'ont confervé leur Religion, lors même qu'ils ont fu conferver leurs conquêtes ; & c'eft pour cette raifon que la Chine a adopté le culte Indien, quoiqu'elle eût dû, fituée aux extrémités de notre continent, & comme féparée du refte du monde, retenir beaucoup de fes inftitutions religieufes.

Les Divinités adorées dans la Grece & dans l'Italie, leur étoient venues des rives du Nil, de cette Egypte fameufe par fes hiéroglyphes, & l'ancien fiége de toutes les fuperftitions. Les Phéniciens, ces hardis navigateurs de l'antiquité, puiferent dans cette fource impure le poifon de l'idolâtrie, dont ils abreuverent les nations chez qui leurs courses maritimes les conduisoient.

Les Grecs & les Romains qui leur devoient leur Religion, leur dûrent aussi l'institution de leurs mysteres. Ces derniers avoient lié la politique à la Religion, & ils eurent pour imitateurs Zoroastre, qui établit des mysteres en Perse, Cadmus & Inachus qui en établirent en Grece, Orphée en Thrace, Minos en Crete. Les mysteres d'Isis furent le modele de ceux d'Eleusis. Cette conspiration des nations anciennes à adopter les mysteres Egygtiens, prouve jusqu'à quel point elles avoient été frappées de leur utilité; & l'autorité qui en résulte pour associer la Religion aux loix civiles, est préférable aux spéculations des Philosophes qui veulent régir l'univers sans Religion.

Les deux principales Religions du paganisme, connues sous le nom d'Hellénisme, sont d'autant plus dignes de notre attention, que les premiers coups du christianisme porterent sur elles. Ce mélange de grandes & nobles idées avec le chaos des superstitions populaires, a de quoi nous surprendre chez des peuples qui ont été nos maîtres dans l'art de penser, & qui nous ont donné dans leurs écrits les vrais principes du goût. Il en résulte un grand argument en faveur de la révélation contre la raison même, puisqu'il est démontré par l'exemple des Grecs & des Romains, que la Religion n'a pas suivi la marche des connoissances humaines. Ils excelloient dans les arts, dans la législation, dans la politique, tandis que leur Religion déshonoroit leur raison. Et ce qu'il y a de plus étonnant, c'est que leur Religion avoit dégénéré, à mesure qu'ils s'étoient perfectionnés dans toutes les parties dont nous venons de parler.

Deux Écrivains, l'un François & l'autre Anglois, se sont exercés sur l'ancien paganisme. Bayle, dans ses *Pensées diverses sur la Comete*, a noirci le plus qu'il a pu cette Religion, pour faire valoir d'autant sa these favorite, dont le but étoit de prouver que le polythéisme est plus pernicieux à la société que l'athéisme. Le Lord Herbert de Cherbury, dans son livre *de Religione Gentilium*, s'est appliqué à faire l'apologie de l'Hellénisme, parce que son dessein étoit d'anéantir la nécessité de la révélation. C'est-là que les Déistes ont puisé ce qu'ils ont dit pour justifier cette Religion, & pour n'accorder au christianisme d'autre avantage que d'avoir corrigé les abus qui s'y étoient insensiblement glissés. » Le christianisme, dit-il, tira des ténebres &
» confirma par l'autorité divine, tout ce qu'il y
» avoit de bon & d'utile dans la doctrine des Philo-
» sophes ; il prescrivit à ses sectateurs toutes les
» vertus & tout ce qui pouvoit sanctifier les mœurs.
» Le paganisme demeura sans force & sans vigueur ;
» il n'en resta que la lie, & de quoi fournir un
» triomphe aisé aux Peres de l'Eglise ».

Entre ces deux champions nous prendrons un juste milieu, tempérant ce qu'il y a de trop fort dans leurs écrits, à la charge & à la décharge du paganisme. Bayle a gagné son procès, si le paganisme est aussi vicieux qu'il le représente. D'un autre côté, si Cherbury a réussi à établir l'idée avantageuse qu'il veut donner du paganisme, il ôte au christianisme ce qu'il a de divin & de surnaturel.

Si nous voulons l'en croire, les Philosophes Grecs & Romains ont professé la Religion naturelle ou le déisme ; ils ont enseigné clairement l'unité de Dieu, sa providence, l'immortalité de l'ame, les peines & les récompenses à venir, toutes les vérités essentielles de la morale. En un mot, on peut extraire de leurs écrits un système de Religion très-complet, mais dégagé des mysteres qu'il faudroit anéantir, selon eux, comme contraires à la raison. Les Déistes honteux d'être nés d'eux-mêmes, ont adopté pour leurs peres ces Philosophes qui furent l'ornement de la Grece & de l'Italie.

Mais d'abord quels ont été ces Philosophes ? Qu'ils aient entrevu des vérités utiles, ce seroit se montrer injuste que d'en douter : mais comme ils ne les ont jamais apperçues que d'une maniere sombre & confuse, cette foible lueur ne suffisoit pas pour fixer leurs incertitudes. Ils ont fait eux-mêmes ce triste aveu, que la vérité étoit pour eux une espece de phosphore qui brilloit un moment & disparoissoit aussi-tôt. *Otez ce nuage qui est sur les yeux de notre esprit, afin que, comme dit Homere, nous puissions connoître Dieu & l'homme.* Cette priere qu'on lit par-tout dans leurs écrits, est une preuve qu'ils foupiroient après une révélation. Ils n'étoient donc point déiftes à la maniere des nôtres qui ont trop de confiance en leurs lumieres philofophiques, pour fentir le befoin de les épurer aux rayons de la révélation. Les vérités qu'ils purent recueillir étoient éparfes & mutilées ; elles étoient moins le produit de leurs raifonnemens, que des débris & des reftes informes d'une tradition primitive. Auffi n'étoient-elles que des opinions flottantes dans leur efprit. C'étoient des hommes incertains, chancelans, qui vivoient au jour la journée, comme Cicéron le dit de lui-même, qui s'efcrimoient tantôt pour & tantôt contre, felon qu'une lueur de probabilité avoit frappé leur efprit.

2°. Le théifme des Philofophes, de ceux même qui penfoient le mieux, n'étoit point épuré. Ils avoient le défaut d'humanifer la Divinité, & de fouiller les portraits qu'ils en faifoient, par des couleurs empruntées de la domination des Rois. En conféquence de ces idées, ils appliquoient au gouvernement célefte ce qui fe pratiquoit dans les monarchies de la terre ; & parce que les Rois invifibles & renfermés dans leurs palais, n'entroient pas dans les détails du gouvernement, ils croyoient de bonne foi honorer la Divinité fuprême, en la réleguant dans le ciel des cieux. Ariftote n'eût point révolté les efprits fi, à l'exemple de Platon, il eût admis une Providence au moins adminiftrée par des génies. De ce refpect mal entendu pour la

Divinité, il résultoit qu'on ne devoit lui rendre aucun hommage, & que si dans la spéculation elle étoit le Dieu de tout le monde, elle n'étoit dans la pratique le Dieu de personne.

3°. C'étoit une opinion assez commune chez les Anciens, que l'ame a été tirée ou détachée de la substance éternelle de Dieu, à laquelle elle devoit se réunir après certaines transmigrations. Or cette opinion des Anciens sur l'éternité des ames, qui a fait croire aux Modernes que le dogme des peines & des récompenses d'une autre vie est de la premiere antiquité, est précisément ce qui la détruit. Telle est l'accusation dont demeurent chargées les quatre grandes sectes de l'ancienne Philosophie, savoir les Pythagoriciens, les Platoniciens, les Péripatéticiens & les Stoïciens.

Tandis que les Philosophes Grecs, imbus de leurs principes métaphysiques, s'éloignoient de la Religion, ils y étoient ramenés avec force par l'idée dominante d'un principe intelligent, l'ame du monde, présent à tout, & gouvernant selon des loix immuables. Quelque traversée que fût cette idée, par d'autres qui avoient cours dans leurs écoles, ils y revenoient sans cesse. Il y avoit chez eux comme un flux & reflux d'opinions diverses qui se détruisoient tour à tour, avec cette différence qu'ils étoient plus attachés à la doctrine populaire qui les conduisoit aux autels des Dieux, qu'à leurs opinions philosophiques où ils ne trouvoient ni fond ni rive. A l'aide d'un système arbitraire, ils faisoient un mélange monstrueux du dogme de l'unité de Dieu, avec toutes les folies spéculatives & pratiques du polythéisme.

Une question qui auroit fort embarassé les Payens, & sur laquelle ils paroissent avoir été fort indifférens, c'eût été de remonter jusqu'à l'origine de leurs religions. Il paroît qu'ils croyoient fort à la légere à celles qu'ils avoient embrassées. Leur vérité leur étoit assez indifférente, & pourvu qu'ils en eussent une dont ils croyoient avoir besoin, peu leur importoit ce qu'elle fût ; il en étoit d'elle comme des oracles qu'ils consultoient, pour n'avoir plus à les consulter.

### Quatrieme Époque.

Jésus-Christ, fondateur du Christianisme.

Toute religion qui, sans être contemporaine du genre-humain, s'annonce dans les temps sans aucuns préparatifs, & hors de l'ordre général de la providence, qui n'a ni titres, ni ancêtres, ni relation quelconque avec l'état du genre-humain, porte sur son front sa propre condamnation. Telles ont été les diverses religions payennes. Ce vice qui leur étoit inhérent, indépendamment de mille autres qui déceloient leur honte & leur corruption, en démontroit la fausseté. Il en est de même du Mahométisme, qui n'ayant pu se donner aucune liaison avec les siecles passés, doit être regardé comme une religion isolée & ne tenant à rien. Le sort du Judaïsme

& du Christianisme est bien différent : ils entrent tous deux dans un plan général conçu & suivi constamment par la providence divine depuis le commencement du monde ; ils sont un développement de la révélation primitive, mesurée sur les progrès & sur les besoins que faisoit & sentoit le genre-humain.

Lorsque le Christianisme parut dans le monde, la plus belle partie de l'Univers obéissoit aux Romains. Ce Peuple Roi exerçoit par des Gouverneurs envoyés de Rome son empire sur les nations les plus éloignées : ou plutôt en effet c'étoient les successeurs d'Auguste, qui comme Empereurs, Souverains Pontifes, Tribuns du peuple, Proconsuls & revêtus enfin de toutes les charges de la République, jouissoient du pouvoir absolu dont le Sénat & le P. R. ne possédoient que l'ombre.

A cette domination d'un seul homme sur tant de nations que l'Empire Romain avoit englouties, étoient attachés plusieurs avantages. D'abord il en résultoit une union politique & civile entre des peuples innombrables, que la diversité des mœurs rendoit absolument étrangers les uns aux autres. La vaste étendue de l'Empire Romain ouvroit partout un accès facile chez des nations qui n'avoient point eu de communication entr'elles. Enfin les loix & les institutions civiles des Romains adoucissoient peu à peu le naturel féroce des peuples accoutumés à vivre sous des gouvernemens où respiroit encore

*avec la Religion.*

la rudesse de l'état de nature. Ajoutez à cela que la philosophie, les sciences & les belles lettres qui pénétroient peu à peu chez les nations barbares & incultes, en polissant leur esprit, corrigeoient insiblement ce qu'il y avoit de trop âpre dans les mœurs. De là ces heureuses semences qui jettées de loin en loin dans les esprits, les préparoient à devenir dociles aux grandes vérités, qu'un jour plus pur & plus lumineux devoit leur apporter.

Ce fut-là le tems que la providence avoit choisi pour faire naître le Messie dans la personne de Jésus-Christ. Du pays obscur de la Palestine, où, loin des sciences & des arts, la vérité avoit établi son siége, on vit s'élever l'Homme-Dieu, qui devoit renouveller la face de la terre. Après avoir enveloppé ses premieres années d'un nuage aussi respectable qu'obscur, il en sortit au tems marqué dans les décrets éternels; mais ce fut après avoir été prévu, annoncé & attendu de loin. C'est ainsi qu'il lui convenoit de se montrer aux hommes. L'édifice qu'il devoit construire, demandoit de longs & de vastes préparatifs. Il falloit un échaffaud qui répondît au plan & à la majesté de l'édifice. L'économie mosaïque a été cet échaffaud, & les prophéties en ont été les principales pieces. Sans elles l'édifice du christianisme auroit manqué de cette magnificence dont il brille avec tant d'éclat.

Les Evangélistes qui ont écrit son histoire, nous l'ont représenté comme Dieu & Homme tout ensemble. Ce sujet passant les bornes ordinaires de l'esprit-humain, s'ils n'eussent été inspirés, comment auroient-ils pu le traiter d'eux-mêmes? comment auroient-ils pu approprier leurs expressions, en parlant de deux natures, réunies par une union hypostatique, quoique séparées par un intervalle infini, de maniere que l'inférieure fût annoblie par cette union surnaturelle, sans que la supérieure y perdît de sa dignité? comment auroient-ils observé les regles de proportion? c'est où Homere & ses successeurs ont échoué, quand ils mirent sur la scene les Dieux transformés en hommes. Ils ont bien pu les faire agir comme des Dieux; mais ils ont été incapables de les faire sentir & penser en Dieux.

La vérité seule des faits a pu produire entre les mains des Evangélistes le caractere du *Dieu-Homme*, que l'Ecriture donne à Jésus-Christ. S'ils n'eussent travaillé & copié d'après la vérité des choses, & d'après l'inspiration divine, nous n'aurions pas l'Evangile tel que nous le lisons ; & il doit être mis au rang des choses impossibles, du moment qu'on ose le travestir en roman. Sans autre marque que le coin auquel il a été frappé, il porte avec lui son authenticité, & dans son authenticité la révélation qui lui sert de base.

L'histoire du Verbe-Incarné, l'histoire de sa vie, de ses actions, de ses miracles, de ses instructions, de ses mysteres, de son œuvre divine, voilà ce qui nous est indiqué sous le nom d'*Evangile*, & ce qui a été si fort défiguré de nos jours par l'auteur de l'*Histoire critique de Jésus-Christ*. Il seroit difficile d'expliquer comment il s'est rencontré un homme, déserteur infâme de sa religion, dont la sacrilége plume a osé noircir le tableau d'une si belle vie, en y versant tous les poisons de la fureur & de la calomnie, si l'on ne savoit que les blasphêmes contre Jésus-Christ, sont moins l'effet d'un dessein prémédité, que d'un désespoir systêmatique. En effet, se voir réduits à se faire enfin athées, après avoir été forcés dans tous leurs défilés, après avoir été poussés de retranchement en retranchement ; c'est une injure que les Déistes n'ont pu pardonner aux Chrétiens.

Indépendamment de sa force interne, l'Evangile en a une externe qu'il reçoit du témoignage de nos ennemis. S'il y a des faits dont on n'ait pas dû attendre le récit des auteurs Juifs ou Payens, parce qu'ils n'auroient pu les rapporter sans devenir Chrétiens, au moins en est-il plusieurs qui, étant de nature à être universellement connus, ont dû nécessairement passer dans les écrits de ceux même qui n'étoient pas les sectateurs de Jésus-Christ. Voltaire sera ici l'interprete des savans qu'étonne le silence des auteurs Juifs & Payens sur certains faits.

Plusieurs savans ont marqué, nous dit-il, leur surprise, de ne trouver dans l'historien Josephe aucune trace de Jéſus-Chriſt ; car tout le monde convient aujourd'hui, que le petit paſſage où il en eſt queſtion dans ſon Hiſtoire, eſt interpolé. Mais nous en démontrerons contre lui ſon authenticité.

Cet hiſtorien, qui ne diſſimule aucune des cruautés d'Hérode, ne parle point, continue Voltaire, du maſſacre de tous les enfans, ordonné par lui, en conſéquence de la nouvelle à lui parvenue, qu'il étoit né un Roi des Juifs. Mais ſi ce fait eſt ſuppoſé, comment s'eſt-il allé placer dans le ſecond livre des Saturnales de Macrobe ? Il eſt indubitable que ce fait ſubſiſtoit dans pluſieurs ouvrages que le temps n'a pas épargnés, ainſi que le bon mot d'Auguſte, qui dit, en apprenant cet horrible meurtre : *Il vaudroit mieux être le pourceau d'Hérode, que d'être ſon fils* : bon mot qui devient très-ſérieux par ſa liaiſon avec ce fait d'une atrocité ſinguliere, lequel ſe lie lui-même avec l'Hiſtoire de la naiſſance de notre Seigneur.

Si Joſephe n'a rien dit non plus de la nouvelle étoile qui avoit paru en Orient après la naiſſance du Sauveur, comment ce phénomene éclatant n'a-t-il pas échapé à la connoiſſance des Payens ? Comment Chalcidius atteſte-t-il ce fait dans ſon commentaire ſur le Timée de Platon ? Pourquoi l'Empereur Julien, ne pouvant nier la vérité de l'Hiſtoire, & la venue des ſages guidés par cet aſtre, fait-il de vains efforts pour perſuader que

*avec la Religion.* 47

c'étoit l'étoile nommée *Alaph*, remarquée par les Egyptiens, laquelle avoit un cours régulier, & se voyoit de 4 en 400 ans, quoiqu'il soit bien constant qu'elle n'a reparu jamais ?

Si l'on est surpris aussi que Josephe garde le silence sur les ténebres qui couvrirent toute la terre en plein midi, pendant trois heures à la mort du Sauveur, ne doit-on pas l'être davantage de voir ce prodige cité par Phlégon, sous le nom d'éclipse à la vérité, parce qu'il n'étoit pas assez astronome pour savoir que la terre étant placée entre le soleil & la lune, lorsque celle-ci est pleine, le soleil ne peut être éclipsé pour la terre par l'interposition des ombres de la lune ? Comme Trallium, patrie de cet auteur, n'étoit pas fort éloigné de la Palestine, il a pu aisément être informé de cet événement remarquable arrivé chez les Juifs, dans le siecle qui avoit précédé immédiatement le sien. Mais ce qui met ce prodige au-dessus de toute contestation, c'est qu'il fut marqué dans les fastes de Rome. Tertullien, dans son Apologétique, en appelloit hautement à ces pieces solemnelles, & y renvoyoit les Romains comme à des monumens incontestables de la vérité.

Ce ne sont pas là les seules choses divines que Dieu a voulu, pour la conversion des incrédules, qui fussent écrites par des mains profanes, témoin l'aveu que nous font Julien, Porphyre & Hiéroclès, des diverses guérisons miraculeuses, opérées par

Notre-Seigneur, ainsi que de bien d'autres choses, qui passoient les forces de la nature. Tous trois étoient non-seulement Payens, mais ennemis déclarés & persécuteurs des Chrétiens.

Que Jésus-Christ ait prédit diverses choses arrivées conformément à ses prédictions, c'est un second aveu de Phlégon, qu'on doit ajouter à celui du même auteur concernant le tremblement de terre & l'éclipse arrivés à sa mort. Le savant Origene pressoit avec force cet argument contre Celse.

Que les démons & les mauvais esprits lui fussent soumis, ainsi qu'à ses envoyés, c'est aussi un aveu échappé, par la force de la vérité, à l'Empereur Julien, qui parloit de S. Pierre comme d'un grand Magicien; à Porphyre, qui reproche aux Chrétiens que depuis que Jésus-Christ avoit commencé d'être adoré, Esculape & les autres Dieux n'avoient plus protégé les hommes; à Celse, qui ne pouvoit expliquer le pouvoir qui résidoit visiblement dans les Chrétiens, que par l'usage qu'ils faisoient, disoit-il, de certains noms, & de l'invocation des Démons: en quoi sa témérité fut punie par Origene.

Que ce même Celse, pressé par l'histoire des miracles de Notre-Seigneur, en ait reconnu la vérité par les efforts qu'il a faits pour les nier; c'est ce qui paroît évidemment dans la comparaison qu'il fait de ces merveilleux repas, dans lesquels Notre-Seigneur rassasia, en deux différens tems, avec quelque peu de pain & de poisson, plusieurs milliers de personnes,

personnes, à ces festins magiques des Enchanteurs Egyptiens, qui présentoient à leurs convives des mets illusoires, qui n'avoient ni substance ni réalité ; ce qui supposoit qu'une multitude affamée & défaillante eût pu être nourrie par des chimeres, fortifiée & rafraîchie par des ombres. C'est ainsi que le Christianisme triomphoit de ses ennemis, en les réduisant à le combattre par de pareilles inepties.

Que les Juifs & les Payens aient concouru, sans le vouloir, à rendre au Christianisme le témoignage le plus éclatant, je n'en veux point d'autre preuve que la triste & dure nécessité où ils étoient de dire, les uns, que son divin Auteur chassoit les Diables par Béelzebut ; les autres, de confesser qu'il opéroit ses miracles par la magie.

Notre Seigneur, prévoyant que les incrédules de tous les temps donneroient ce tour perfide à ses miracles, a traité la malignité de ceux qui, contre leurs propres lumieres, éleveroient cette objection, de blasphême contre le St. Esprit : mais depuis que par une condescendance pleine de bonté, il a daigné montrer la vanité de cette objection contre les miracles, en prouvant qu'ils tendoient évidemment à la destruction de ce même pouvoir, dont ses ennemis lui faisoient emprunter le secours, elle est devenue si frivole, qu'on ne hasarde rien de dire qu'elle est un blasphême contre le bon sens. La même force de vérité a lieu contre la magie. Qui croiroit, en effet, que la magie étant l'ouvrage des démons, ils l'auroient fait servir à inspirer aux hommes de l'horreur pour eux-mêmes, & à les détourner des sacrifices cruels ainsi que des actes de la plus infâme impureté par lesquels ils vouloient être honorés ? Qui s'imagineroit que le culte du vrai Dieu, qui consiste dans l'amour pur, eût dû sortir des pratiques de cet art abominable ? Etoit-ce l'affaire de la magie, de nous remplir d'humanité & de compassion ; de nous inspirer le pardon des injures, & de nous porter aux actes les plus difficiles de la charité ? Quoi ! les esprits malins auroient contribué à rendre les hommes sobres, chastes, tempérans, & à produire cette réforme dans les mœurs qui étoit le fruit de la doctrine scellée par les miracles ! Ils auroient travaillé à détacher le genre-humain des cérémonies payennes, qui leur avoient donné tant de crédit, & qui faisoient partie du culte qu'on leur rendoit ! Ils auroient concouru à l'établissement d'une Religion, qui faisoit taire leurs oracles, qui les banissoit de leurs temples, & qui les dépouilloit du pouvoir qu'ils exerçoient sur le genre-humain ?

Cette ancienne objection des Juifs & des Payens est tellement détruite, que les Celses, les Porphyres, les Juliens de nos jours n'osent s'asseoir sur ses ruines. Comme le temps a mis un intervalle de plusieurs siecles entre les miracles & eux ( avantage que n'avoient pas leurs prédécesseurs qui étoient presque à leur source ), ils ont cru qu'en semant le scepticisme sur tous ces siecles, ils pourroient à sa

*avec la Religion.*

faveur faire difparoître ces miracles qui les incommodent. Ils ont beau les dédaigner comme étant l'argument du peuple, ils en font néanmoins alarmés, puifqu'on les voit fe confumer en efforts, impuiffans il eft vrai, pour les anéantir. Ils ne peuvent fe diffimuler que les miracles & les prophéties, ces deux grands caracteres de la Divinité, ne peuvent paroître nulle part, qu'en les voyant on n'adore auffi-tôt en eux fes ordres fuprêmes. Les Myfteres ont beau être inconcevables, fi vous leur donnez l'attache des miracles & des prophéties, ils forcent l'entendement humain à fe profterner devant eux. Voltaire, David Hume, & Jean-Jacques Rouffeau, fans néanmoins s'accorder entr'eux, ont formé une efpece de triumvirat contre les miracles & les prophéties. Voyons un peu ce qu'ils ont tenté contre ce boulevard inébranlable du Chriftianifme.

Dieu peut-il faire des miracles, c'eft-à-dire, déroger aux loix qu'il a établies ? Cette queftion férieufement traitée feroit impie, dit Rouffeau, fi elle n'étoit abfurde. Voilà de quoi atterrer Voltaire. Mais en reconnoiffant dans l'Auteur de la nature le pouvoir de fufpendre ou de modifier fes loix, lorfqu'elles ne pourroient fuffire par elles-mêmes à remplir les vues de fa fageffe, il s'expofe lui-même à une récrimination, en exceptant des miracles celui de pouvoir les rendre croyables aux mortels. Car fi, dans l'impuiffance de connoître toutes les loix naturelles, nous ne pouvons jamais difcerner dans

D ij

quel cas elles ont été suspendues ou modifiées, il s'ensuit que le Tout-puissant manque de pouvoir pour nous faire connoître ses volontés par le langage des miracles si bien approprié à notre état sur la terre.

Ce que l'on peut inférer de la nécessité qu'allegue Rousseau, de tirer les preuves d'un miracle de la connoissance totale des loix naturelles, c'est qu'il avoit une idée bien imparfaite de la certitude physique. Car enfin pourquoi faut-il les connoître toutes, si le dérangement d'une loi naturelle bien connue à l'occasion d'un effet, est une preuve décisive qu'il a été opéré par une cause insensible, par une cause surnaturelle? Les phénomenes de la nature & les prestiges de l'art auxquels il a recours pour prouver son systême, prouvent bien qu'il est des effets sensibles, dont nous ne connoissons point les causes naturelles; mais aucun ne prouve qu'un phénomene contraire à un certain méchanisme connu, n'est point un miracle : & Rousseau se trouve réduit à avouer qu'il y a des choses merveilleuses qui le rendroient fou ou incrédule, s'il en étoit témoin. Y a-t-il d'autres loix pour la naissance des hommes que celles que nous connoissons? Et l'avare Achéron, si l'on peut ainsi s'exprimer, lâcha-t-il jamais sa proie?

Du moment que l'on conçoit que le plan de l'Univers n'a point été tracé par la nécessité du destin, mais qu'il l'a été par l'intelligence de Dieu,

& exécuté par sa puissance, il est facile de se persuader que Dieu peut déranger, détruire ou anéantir même ses ouvrages. Et s'il est ainsi, qui ne voit que la nature, quoique réglée par des loix invariables, est pourtant soumise aux volontés de l'Être qui l'a formée, & que de là est née l'idée du miracle ? Mais que serviroit à l'homme de connoître la possibilité des miracles, si des loix innombrables lui en interdisoient la connoissance ?

De quel avantage même seroit pour nous cette connoissance, si les miracles qui illustrerent la venue de Jésus-Christ, & qui signalerent le berceau de l'église, devoient être perdus pour la postérité ? Ils l'eussent été, & l'ouvrage de la révélation demeuroit imparfait & suspendu, sans les moyens que la providence fournit aux hommes, de transmettre avec fidélité le dépôt des temps passés aux âges futurs. C'est à cette partie que David Hume s'est attaché, en détruisant les fondemens de toute certitude pour les faits dont nous ne sommes pas les témoins oculaires. Mais comme ils reposent tout-à-la fois sur la physique, la méthaphysique & la morale, le scepticisme travailleroit en vain à les ébranler.

L'autre grand caractere du christianisme sont les prophéties. Ce que Wolston a fait contre les miracles de Notre-Seigneur, qu'il réduit à rien, en leur donnant un sens purement allégorique, Collins l'a exécuté à l'égard des prophéties. En les interprétant de cette maniere, il leur ôtoit toute leur réalité; elles se fondoient entre ses mains. Pouvoit-il donc ignorer que les prophéties que le christianisme invoque, ont un sens propre & naturel, qui ne peut être entendu que du seul Jésus-Christ ? Ainsi, grace aux efforts de deux allégoristes anglois, le christianisme perdoit ses deux principaux appuis. Ces deux écrivains, servilement copiés par nos théologastres françois, sont un exemple de la maniere dont se forme la tradition parmi les incrédules.

Collins, dans ses *Discours sur les fondemens & sur les raisons de la religion chrétienne*, dit que les prophéties se transforment en prophéties mystiques, allégoriques & énigmatiques, dès qu'on veut en presser le sens, qui n'a rien de fixe ni de naturel sur quoi l'on puisse statuer. Il accuse les Apôtres de nous avoir donné pour des preuves solides ce qui n'en a que l'apparence. Les prophéties, dans sa maniere de penser, ne doivent pas être regardées comme des raisonnemens absolus, mais seulement comme des argumens *ad hominem*, qui ne concluoient que pour les Juifs accoutumés à cette maniere de raisonner, d'allégoriser. Or, les Apôtres qui se servoient toujours, avec les Gentils, des passages qu'ils citoient de l'ancien Testament, d'après Moyse & les prophetes, comme venant à l'appui du christianisme, auquel ils n'ont jamais pensé, sont demeurés, aux yeux de la postérité, coupables d'avoir employé la fraude pour établir leur religion. Mais, n'en déplaife à Collins, il eſt aſſez étonnant que les diſcours des Apôtres aient fait plus d'impreſſion ſur les Gentils, qui ne devoient rien entendre aux allégories judaïques, que ſur les Juifs mêmes. Les Juifs ont donc joué dans cette occaſion le rôle des Gentils, & les Gentils celui des Juifs. Ceux-ci ne crurent point lorſqu'ils devoient croire ; & ceux-là crurent lorſqu'ils ne le devoient pas. Ainſi raiſonne Collins, ſans s'appercevoir qu'il ſe combat lui-même.

Il n'y eut qu'un cri dans toute l'égliſe anglicane, contre le diſcours de Collins. Comme il attaquoit les fondemens de la religion en attaquant les prophéties, pluſieurs Prélats aiguiſerent leur plume contre lui, & châtierent ſa téméraire audace. Les prophéties reçurent un nouvel éclat des travaux qu'ils employerent pour les éclaircir. Il ſuffit de les expoſer à l'impiété moderne, pour qu'elle craigne de s'en approcher. Ce n'eſt que de loin qu'elle oſe les combattre.

Si Dieu a daigné ſe révéler aux hommes par Jéſus-Chriſt, il leur a ſans doute donné une notice de vérités ſupérieures à leurs lumieres naturelles. Une révélation divine doit contenir en ſoi quelque choſe de différent en ſon genre, & de plus excellent que ce qui eſt à la portée de la raiſon humaine. Si Jéſus-Chriſt ne nous eût préſenté que des principes naturels, dont l'approfondiſſement a fait les ſages du paganiſme, en quoi ſe feroit-il diſtingué des philoſophes ? Il auroit changé ſon égliſe en une de leurs académies. Sa doctrine prenant un vol plus haut que celle des philosophes, renferme des notions sublimes sur Dieu, sur l'homme, sur la vie présente & future, & sur les relations qui les lient ensemble; notions totalement inconnues, & qui ne ressemblent en rien aux idées qu'on avoit imaginées avant la publication du christianisme; notions, au reste, sans lesquelles le christianisme seroit moins divin qu'il ne l'est. *Ce qui fait*, dit un auteur, *le dieu des esprits, est le droit qu'il a de leur commander la croyance des vérités qu'il lui plaît de leur révéler, & qu'ils ne peuvent comprendre.*

Indépendamment des mysteres qui nous annoncent que la sagesse divine a daigné descendre sur la terre pour éclairer notre ignorance, sa doctrine nous montre dans son utilité, dans sa beauté, dans sa sainteté, dans sa vérité & dans sa profondeur, toutes les qualités qui ne peuvent émaner que d'elle-même. Quelle doctrine, en effet, que celle qui, toujours conforme aux lumieres de la raison, ajoute à ces lumieres ce que les besoins de l'humanité exigeoient, & qu'elles ne pouvoient fournir !

Tout indique à l'homme qu'il est né sociable. S'il y a eu un envoyé céleste, sa doctrine a dû reposer essentiellement sur les grands principes de la sociabilité; elle a dû perfectionner & annoblir tous les sentimens naturels qui lient l'homme à ses semblables; elle a dû, en rappellant tous les hommes à une même origine, multiplier & prolonger à l'infini les liens de l'humanité. *Je vous donne un commande-*

*ment nouveau ; c'est de vous aimer les uns les autres: il n'est point de plus grand amour que de donner sa vie pour ses amis.* Ainsi s'exprime par des accens tout nouveaux celui qui vient établir dans le monde le regne de la charité, & qui en a donné un si bel exemple, en mourant pour le genre-humain.

Le cœur étant le principe universel de toutes les affections, il n'a pas dû être oublié dans ce que l'envoyé de Dieu a dû faire pour unir les hommes. C'étoit peu de régler les actions extérieures de l'homme, si sa doctrine ne portoit encore ses heureuses influences jusques dans les plus profonds replis du cœur. Vous avez ouï dire : *Vous ne commettrez point d'adultere ; mais moi je vous dis que celui qui regarde une femme avec des yeux de concupiscence, a deja commis l'adultere dans son cœur.* Quelle est donc cette nouvelle doctrine qui condamne le crime pensé comme le crime commis ? Il n'appartenoit qu'au philosophe par excellence de connoître le limon dont nous sommes formés, & la constitution de notre être, pour pouvoir en conséquence prévoir quels ravages une imagination, salie d'impuretés, devoit produire dans le cœur ; & combien un mouvement imprimé trop fortement à certaines parties du cerveau, pouvoit nous conduire insensiblement au crime.

La philosophie a pu s'élever jusqu'à proscrire la vengeance comme une passion antipathique avec l'esprit social ; mais c'est en opposant le mépris contre la personne de l'aggresseur, qu'elle a exigé de la personne offensée le sacrifice de ses propres ressentimens. Mais ce qu'elle a parfaitement ignoré, c'est le genre d'héroïsme enseigné dans la doctrine céleste, qui consiste à punir l'offenseur par ses bienfaits. Et quel motif présente ici l'auteur d'une doctrine si céleste ? *Afin que vous soyez les enfans du pere céleste, qui fait lever son soleil sur les méchans & les gens de bien, & qui répand la pluie sur les justes & les injustes.*

Si une doctrine céleste prescrivoit un culte, il seroit en esprit & en vérité, approprié tant à la noblesse de l'être moral, qu'à la majesté du grand Être : mais parce que l'homme est un être sensible, & qu'une religion qui réduiroit tout au pur spiritualisme, ne conviendroit point à un tel être, il seroit naturel de frapper les sens par quelque chose d'extérieur. Le culte seroit donc accompagné de cérémonies, qui parlant aux sens, rappelleroient l'homme à sa croyance & à ses devoirs.

Comme un des effets naturels de la priere est de retracer fortement à l'homme ses foiblesses, ses miseres, ses besoins, la doctrine céleste en seroit la partie la plus essentielle du culte, de cet hommage raisonnable que la créature doit à son créateur.

Une doctrine céleste pénétrant dans le principe universel des actions des hommes, c'est-à-dire, dans l'amour de soi-même, s'appliqueroit à le diriger au bien par l'espoir des récompenses & par la crainte des peines, parce que c'en font les deux mobiles; & comme rien ne feroit plus capable d'influer fur des hommes de tout ordre, que d'annoncer au genre-humain un état futur de bonheur ou de malheur, relatif à la nature des actions morales, elle donneroit les plus magnifiques idées du bonheur à venir, & peindroit des couleurs les plus effrayantes le malheur futur. Il feroit fort dans la nature de la chofe, que la doctrine dont il s'agit, repréfentât les peines comme éternelles, les menaces ne pouvant être trop réprimantes pour rompre le cours effréné des paffions.

Mais fi l'homme eft de fa nature un être mixte, fi fon ame exerce toutes fes facultés par l'intervention d'un corps, une doctrine qui viendroit du Ciel ne fe borneroit pas à enfeigner le dogme de l'immortalité de l'ame ; elle lui enfeigneroit encore celui de l'immortalité de tout fon être. Et fi cette doctrine empruntoit des comparaifons tirées de ce qui fe paffe dans les plantes, elle parleroit au peuple un langage familier, mais expreffif; & fous cette enveloppe, le philofophe découvriroit une préordination où il admireroit l'accord merveilleux de la nature & de la grace. Heureufe immortalité ! Ce ne fera donc pas l'ame feule qui jouira de cette félicité, ce fera tout l'homme. *Je fuis la réfurrection & la vie*: paroles étonnantes qui peignent toute la majefté du Prince de la vie : il commande à la mort, & arrache au fépulcre fa victoire.

Si l'on confidere le chriftianifme dans les événemens qui l'ont préparé, dans les prédictions qui l'ont annoncé, dans le plan dont il fait partie, dans fon Auteur, dans fes dogmes, fa morale, dans fon culte extérieur dont la plus noble partie font les facremens, ces canaux facrés par où coulent les graces fur le corps myftique de l'églife, il eft certainement divin : mais il ne l'eft pas moins dans fon établiffement, dans les obftacles qu'il a vaincus, dans cette nuée de témoins qui ont fuivi les Apôtres, dans les effets qu'il a opérés, dans fes conquêtes & fa durée, dans le caractere même de fes ennemis. C'eft ici la partie de fon hiftoire externe qui doit maintenant nous occuper dans toute la fuite de cet ouvrage.

### Cinquieme Époque.

Le chriftianifme établi dans Rome, la métropole de l'Univers, jufqu'au regne de Conftantin.

Les relations externes du chriftianifme le mettent dans l'alternative néceffaire de recevoir du dehors, ou des fecours qui le font profpérer, ou des fecouffes qui l'ébranlent jufques dans fes fondemens. Le flux & le reflux de la profpérité & de l'adverfité, qui dominent également tous les peuples, ont étendu leur empire jufques fur la république chrétienne. De là fon hiftoire comprend tout ce qui a rapport à fes humiliations & à fa gloire, à fes difgraces & à fa profpérité.

*avec la Religion.*

Le cours des deſtins heureux par leſquels le chriſtianiſme s'eſt propagé, prend ſa ſource dans les talens des chefs de cette ſociété religieuſe. Sous le nom de *Chefs* j'entends non-ſeulement les perſonnes qui conſtituent la hiérarchie épiſcopale, mais encore les rois, les magiſtrats, les docteurs de l'égliſe. Ils jouiſſent tous de la gloire d'avoir concouru chacun à ſa maniere, aux accroiſſemens & à la ſplendeur de la cité ſainte. Les princes par leur autorité, par leurs loix, par leurs bienfaits, par la force de leurs armes, lui ont donné de la conſiſtance par-tout où ils ont étendu ſes conquêtes. L'érudition, l'eſprit & la ſainteté, qui ont relui dans des hommes extraordinaires; leurs grandes & belles actions, leurs ſavans écrits pour la défenſe de la vérité, ont jetté ſur le chriſtianiſme un éclat qui n'a pas peu contribué à lui attirer une foule prodigieuſe de ſectateurs.

Les deſtins contraires qui ont agité le vaiſſeau de l'égliſe, ont eu ſouvent pour Auteurs les chefs même ſpirituels; tant il eſt vrai que la ſainteté de l'état ne met pas toujours à l'abri des paſſions ceux qui auroient dû le moins leur laiſſer prendre de l'aſcendant. C'eſt un fait conſtant que ceux qui étoient prépoſés pour gouverner la cité ſainte, ont ſouvent excité des tempêtes dans ſon ſein par leurs ſaintes contentions, toujours turbulentes & dangereuſes. Parmi ſes ennemis je compte auſſi les ſouverains & les magiſtrats, qui par des loix pénales ont voulu l'arrêter dans son cours, & en éteindre l'éclat dans le sang de ses propres enfans. D'autres ennemis, peut-être plus dangereux, sont les fanatiques, les superstitieux, les hérétiques, les déistes, les athées, les sceptiques.

L'époque que nous allons parcourir, nous montre le christianisme pendant plus de trois cents ans sous le glaive des empereurs. Comme la prospérité de la Religion est différente de celle des empires, il est aisé de comprendre que ses humiliations durant ce long intervalle, sa dispersion, ses exils, la destruction de ses temples, les souffrances de ses martyrs ont été le temps de sa gloire.

A la vue des conquêtes faites par le christianisme dans l'Empire Romain, & même au loin hors de ses limites, la premiere idée qui se présente à l'esprit, c'est de connoître les leviers dont il s'est servi pour remuer & soulever cette masse d'obstacles physiques & moraux qui s'opposoient à son établissement. On l'avoit toujours regardé comme un prodige surnaturel jusqu'à ce jour où nos philosophes beaux esprits s'intriguent pour expliquer ce phénomene moral par des causes purement naturelles. Mais la raison qui nous enseigne qu'il doit y avoir une proportion entre l'effet & la cause, & qui, si l'on met à l'écart la puissance de Dieu, n'en trouve point entre le christianisme & les moyens par lesquels il s'est propagé, se rit de toutes les explications qu'on a jusqu'ici données, d'autant qu'elles sont en conflict les unes avec les autres.

Quiconque prétendroit qu'une poignée d'hommes a pu répandre en peu d'années, dans la plupart des contrées du monde, une Religion qui venoit heurter de front les intérêts, les plaisirs, l'ambition, les préjugés, & jusqu'à la raison du genre-humain; qu'ils ont triomphé sans aucune assistance surnaturelle de la puissance des princes, des intrigues des états, de la force, de la coutume, de l'aveuglement du zele, du crédit des prêtres, de l'éloquence des orateurs & de la philosophie de l'univers: cet homme certes auroit bien plus de foi qu'il n'en faut pour le rendre chrétien; & c'est à force de crédulité qu'il resteroit incrédule.

La Religion & la politique, ces deux grands ressorts qui meuvent les hommes, firent pour la destruction du christianisme, tout ce que le préjugé aveugle, secondé de la puissance, avoit pu imaginer de plus extrême. Loin de s'éteindre dans le sang des martyrs, il en sortit plus brillant & plus fécond. Le paganisme, honteux de l'inutilité de ses efforts, reconnut qu'il ne s'étoit enfin armé que contre lui-même, & qu'il recevoit la loi d'un ennemi qu'il s'étoit vainement flatté de vaincre. Ses calomnies contre lui, les monstrueux excès qu'il lui imputoit, l'athéisme qu'il rejettoit sur lui, les opérations magiques qu'il lui prêtoit, les forfaits les plus noirs qu'il y joignoit en souillant son sacrifice de sang humain: si la haine sut les accréditer un moment, l'illusion fut courte. La vérité sortit des ténebres, perça de ses traits victorieux le paganisme, mit à nud sa honte, & l'exposa chargé lui-même de toutes les horreurs dont il avoit voulu couvrir le christianisme. C'est ce qui parut dans ce grand nombre d'apologies que les chrétiens porterent jusqu'au trône des empereurs, & qui eurent pour Auteurs Aristide, Quadrat, Justin le martyr, Tatien, Théophile d'Antioche, Tertullien, Clément d'Alexandrie, Origene, Arnobe, Lactance.

Mais comme si ce n'étoit pas assez des Payens pour conjurer la perte du christianisme, les Juifs s'étoient associés à leur haine, & mériterent par là d'être enveloppés dans leur condamnation. De même qu'on retrouve dans les prophetes l'histoire des Juifs écrite long-temps avant les événemens qui la composent, il en a été ainsi de l'histoire de l'église, à qui furent prédits ses combats, & ce qui devoit arriver tant aux Juifs qu'aux Gentils, en punition du mépris de l'Évangile. La chûte des idoles, la conversion du monde, la destinée de Rome, la dispersion des Juifs, voilà ce qui fut annoncé à l'église naissante. Tous ces grands événemens dont elle eut besoin d'être instruite, ne sont pas moins clairement marqués dans l'Apocalypse, que ne le sont dans le Deutéronome la dispersion du peuple de Dieu dans une terre étrangere, sa servitude sous des rois idolâtres, la désolation de ses campagnes, la prise de ses villes, le meurtre des siens, & le retour

retour de la nation dans la terre de ses peres.

La Religion apportée par Jésus-Christ sur la terre, exigeoit que la garde en fût confiée à une société d'hommes établis par lui-même pour en conserver les dogmes, & les faire passer d'âge en âge à la postérité la plus reculée. Or cette société est l'Eglise. Quoique reçue dans l'état, elle ne forme pas un empire dans l'empire, parce que, soit qu'on la considere dans sa fin ou dans ses moyens, elle agit dans une sphere si éloignée, qu'elle ni l'état ne peuvent jamais se rencontrer assez pour que leurs droits se heurtent. Bornée à la partie du culte & à l'intégrité de la foi, l'Eglise n'a de pouvoir coactif qu'autant qu'il lui en faut pour se maintenir. Si elle n'avoit le pouvoir de chasser de son corps les membres réfractaires, elle se dissoudroit d'elle-même à peu près comme le corps naturel qui n'auroit pas la force d'évacuer ses humeurs malignes ou vicieuses.

La Religion de l'homme, spirituelle & corporelle comme lui, consiste en méditations intérieures, & en actes extérieurs. L'esprit & la matiere sont si fort entrelacés dans toutes ses opérations, qu'il ne peut penser sans le ministere des sens. Quiconque en a voulu secouer le joug, & transporter son culte dans des régions purement intellectuelles, est devenu, selon le caractere de son tempérament, ou froid & indifférent à la Religion, ou frénétique & enthousiaste.

Nos méditations sur la nature divine nous conduifent à des dogmes purement spéculatifs, & celles qui ont pour objet ses différentes relations à notre égard, à des dogmes moraux. Ainsi toute religion dans qui l'on sépareroit le dogme de la morale, se trouveroit mutilée. Par là sont condamnés d'avance ceux qui veulent une religion sans dogmes.

Le caractere de nos opinions touchant la nature de Dieu, décide de celui des mœurs que nous portons dans la religion. Telle est leur influence que, selon qu'elles nous approchent plus ou moins de la vérité, le culte est plus ou moins auguste. Ainsi l'on ne sauroit être trop circonspect à conserver les opinions dans toute leur pureté. Or pour y parvenir, il faut établir une société religieuse, qui réduise sa croyance en un formulaire de foi, dont la profession soit requise pour être admis à sa communion. Afin que les loix dominent indistinctement sur les savans & sur les ignorans, le formulaire de la foi doit dominer sur eux tous.

Ce que la raison dicte ici en faveur du plan que nous venons de tracer d'une société religieuse, reçoit un nouveau prix du choix que Jésus-Crist en a fait pour son Eglise. Les Apôtres en furent les fondemens. Vils rebuts du monde, le néant même, pour me servir de leur expression, ils prévalurent à tous les empereurs & à tout l'empire. Ces hommes simples & pauvres ne craignirent point de se mesurer avec les philosophes, dont ils firent pâlir les lumieres devant la révélation. Il falloit, dit Bossuet, que toute la gloire de l'établiſſement de la Religion retournât à Dieu, qui a fait un ſi grand ouvrage, comme il avoit fait l'univers, par ſa ſeule parole.

Le gouvernement de l'Egliſe ne dut point être démocratique, parce que tout y auroit été en confuſion, le peuple étant incapable de ſe gouverner par lui-même; ni ariſtocratique, parce qu'il auroit manqué d'un centre de réunion, & qu'au lieu d'une Egliſe, il s'en feroit formé pluſieurs qui, manquant du lien d'une communion extérieure, ſe feroient trouvées dans un état de guerre les unes contre les autres; ni enfin purement monarchique, parce qu'il étoit à craindre que la puiſſance apoſtolique ne connoiſſant point de bornes, les outre-paſsât, & que ſa plénitude, ſemblable à celle de l'Océan qui ne ſeroit pas contenu dans ſes rivages, ne fût un déluge qui ravageroit l'univers. Il convenoit qu'il fût ce qu'il eſt, une monarchie tempérée par l'ariſtocratie.

Ce que Dieu a révélé aux hommes, devoit être enregiſtré dans des livres écrits ſous ſa dictée. Ils devoient être comme un ſanctuaire où les vérités ſurnaturelles fuſſent à l'abri des temps & des révolutions. Il étoit de la bonté de Dieu que la partie de l'Egliſe qui gouverne, fût indéfectible dans leur interprétation. Par cela ſeul, ſans un grand appareil de preuves, s'établit d'elle-même ſon infaillibilité.

Quelque bien cultivé que fût dans les premiers temps le champ du Seigneur, l'ennemi du salut des hommes y répandit l'ivraie de l'erreur. Attaquée au dehors par de violentes persécutions, la Cité sainte le fut au dedans par de faux Docteurs qui enseignerent des erreurs dangereuses. Le germe en étoit caché dans les systêmes philosophiques qui étoient alors en vogue; l'alliance qu'on en voulut faire avec le christianisme, le développa, & en fit sortir toutes les héréfies des trois premiers siecles.

En permettant aux sectes philosophiques & hérétiques de paroître, Dieu avoit en vue de les faire servir à l'établissement de sa Religion. Par rapport aux Philosophes, la chose n'est pas douteuse. Car quelles meilleures preuves les Théurgistes pouvoient-ils donner du cas qu'ils faisoient du christianisme, que de le copier en tout? Les Apôtres avoient conféré le Saint-Esprit. Les Eclectiques parodierent cette cérémonie avec leur enthousiasme. Ils ne supposerent des prodiges à Pythagore, à Empedocles, à Architas, à Appollonius de Tyane, que d'après ceux de Jésus-Christ & des Apôtres. Pour sauver le ridicule de leur mythologie, ils furent obligés de lui donner un air chrétien. De grossier & d'absurde qu'étoit le polythéisme, il devint, par le secours des allégories, une Religion philosophique, qui rendoit un culte à des génies auxquels le gouvernement du monde avoit été confié. Il me semble voir dans tous ces

Théurgistes forcés à reconnoître Jésus-Christ pour un homme extraordinaire, leurs propres Dieux confessant, en présence des Chrétiens, qu'ils étoient des démons.

Les hérétiques ont aussi concouru, sans le vouloir, à affermir cette Religion qu'ils vouloient corrompre. En reconnoissant, les uns, que Jésus-Christ étoit le fils de Dieu, d'autres un Ange, quelques-uns un homme privilégié sur tous les hommes, ils reconnoissoient tous la vérité de ses miracles. Ceux qui nioient sa résurrection, vouloient qu'il ne fût mort qu'en apparence, tant il leur paroissoit impossible qu'un homme si favorisé du Ciel eût subi le sort d'un mortel. Quoique révoltés de la doctrine des Apôtres, qui en faisoient un Dieu, ils n'ont point attaqué leur sincérité dans le récit des faits historiques. Sa divinité, qu'ils ne pouvoient concilier avec leurs idées philosophiques, ayant été combattue par ses sectaires, ils furent condamnés par l'Eglise; & dans leur condamnation, ils porterent l'éclatant témoignage qu'elle rendoit alors à ce dogme fondamental. Par l'anathême qu'elle lança contre Marcion, Cerdon, Saturnin, elle établit qu'il n'y avoit qu'un seul Dieu, principe de tout ce qui est. Comme Praxée réunissant ces idées, en concluoit que Jésus-Christ n'étoit point distingué du Pere, puisqu'alors il faudroit reconnoître deux principes, avec Marcion, ou accorder à Artémon que Jésus-

Chrift n'étoit point Dieu, l'Eglife l'atteignant de fa foudre, décida d'avance la confubftantiabilité du Verbe, qu'elle développa plus clairement dans le Concile de Nicée contre les Ariens.

## Sixieme Epoque.

Le chriftianifme fur le trône des Céfars, depuis le regne de Conftantin jufqu'à celui de Charlemagne.

Cette époque, la plus brillante de toutes pour le chriftianifme, qui fortit alors de fon état d'abaiffement pour monter fur le trône des Céfars, nous préfente d'abord le tableau des perfécutions les plus horribles. Ces ombres difparoiffent pour faire place à la lumière. Ce tableau eft de nouveau obfcurci & couvert de nuages, fous les regnes de Conftance fils de Conftantin, & de Julien, fon neveu. Sous les regnes fuivans, nous verrons renaître le calme & la tempête, felon le cours des profpérités & des adverfités que Dieu ménage à fon Eglife.

La Religion, foit dans la gloire, foit dans l'humiliation, eft toujours également propre à produire fon effet naturel, qui eft de fanctifier. Ainfi, fous lequel de ces deux états que nous ayons à la confidérer, élevons-nous au-deffus des préjugés ordinaires, & ne nous fcandalifons jamais des temps de fon abaiffement. Lorfqu'aux

*avec la Religion.*

yeux du monde elle paroît triompher, c'est souvent le temps où elle perd le plus de sa gloire ; comme, au contraire, elle n'a jamais été plus grande que dans ses humiliations, dans ses exils, dans les souffrances de ses Martyrs.

Les Rois, les Empereurs, ces illustres nourriciers tant de fois promis à l'Eglise, devoient enfin, après l'avoir si long-temps combattue, se réconcilier avec elle, & devenir eux-mêmes son rempart & sa défense. Ce temps étoit marqué à la conversion du grand Constantin. Que l'Église ait commencé par les croix & par les martyres, & que fille du ciel, sans autre protection que celle de Dieu, elle ait prouvé à la terre qu'elle s'est établie par des moyens surnaturels, qu'elle est née libre & indépendante, la chose a dû être ainsi, tant pour constater sa céleste doctrine, que le droit de souveraineté qu'elle porte avec elle-même, sous quelque forme de gouvernement qu'elle soit reçue.

Chez les Payens, il y avoit une religion nationale différente de celle des particuliers. La providence qui avoit en partage la seconde, ne punissoit pas toujours le vice, ni ne récompensoit pas toujours la vertu dans cette vie. La providence, au contraire, sous laquelle vivoit la société, étoit uniforme dans sa conduite, dispensant les biens & les maux temporels, selon que la société se comportoit envers les Dieux. Il étoit bon que les payens le crussent. La religion faisoit donc partie du gouvernement civil. On ne délibéroit sur rien sans consulter l'Oracle : les prodiges, les présages étoient aussi connus que les édits des Magistrats ; car on les regardoit comme dispensés par la providence pour le salut de la République.

Tel étoit dans l'empire Romain l'état de la Religion payenne au temps où le christianisme commença à s'y répandre. Le paganisme tombant tous les jours de ruines en ruines, les Empereurs Romains, par la nature des choses, devoient devenir chrétiens ; car, en fait de religion, c'est le peuple qui, à la longue, donne la loi aux Souverains. Constantin s'étoit élevé au trône des Césars par les chrétiens, dont le torrent grossissoit de plus en plus ; & l'Église, qui s'étoit accrue par la persécution, ne se fortifia pas moins par la faveur du Souverain. Cependant elle continua toujours à être indépendante de l'État : mais ce qui la distingua dans tous les temps des autres sociétés religieuses, c'est que sûre de sa divine origine, elle n'a jamais souffert qu'on donnât atteinte à sa souveraineté, & que dans ses confédérations politiques avec les divers États, elle a toujours traité d'égale. Les Chrétiens, depuis ce tems, ont toujours été gouvernés par deux Souverains, l'un dans l'ordre temporel, & l'autre dans l'ordre spirituel.

Cette confédération des deux puissances, civile

& ecclésiastique, a mérité l'animadversion de nos Philosophes, qui en ont pris occasion de déchirer la mémoire de Constantin; comme si, avant même le christianisme, cette confédération n'avoit pas existé chez les Romains, dans le tems où les Empereurs n'avoient pas encore réuni à leur dignité celle de souverain Pontife; comme si elle n'avoit pas existé chez les Egyptiens aussi-bien que chez les Juifs. Mais ce qu'il y a d'étonnant, c'est que ceux mêmes qui ont déploré avec tant de sensibilité les maux qu'a causés dans le monde le despotisme des Princes, s'élevent contre une des premieres barrieres que le premier despote Chrétien a opposée à son pouvoir, par motif de religion: « Barriere toujours bonne, dit Mon-
» tesquieu, lorsqu'il n'y en a point d'autre; car,
» comme le despotisme cause à la nature humaine
» des maux effroyables, le mal même qui le limite
» est un bien. Autant le pouvoir du clergé est
» dangereux dans une république, autant il est
» convenable dans une monarchie, sur-tout dans
» celles qui vont au despotisme. « (Esprit des loix, liv. II, chap. IV.)

Depuis que Constantin eut professé la foi chrétienne, & qu'il l'eut déclarée Religion nationale de l'empire, il en devint le protecteur & le défenseur: comme évêque du dehors, il présida à la partie extérieure du gouvernement de l'Eglise, &

augmenta les prérogatives des Evêques, en les appuyant sur les loix impériales.

L'Eglise, en se liguant avec l'Etat, a exigé qu'il payât de sa protection les services qu'elle étoit capable de lui rendre, afin qu'elle pût, sous ses auspices, donner un cours plus libre à l'évangile, une force plus présente à ses canons, & un soutien plus sensible à sa discipline. En scellant de son sang cette grande vérité, savoir, que nul prétexte ni nulle raison ne peut autoriser les révoltes; en la scellant du même sang dont elle a rendu témoignage au christianisme, elle a sans doute mérité que les Princes religieux lui élevassent par leur protection, ces invincibles dehors, qui la font jouir d'une douce tranquillité à l'ombre de leur autorité sacrée.

Grace à la protection des Empereurs, l'Eglise acquit une plus grande considération extérieure ; elle fut plus heureuse, selon le monde, parce qu'elle eut plus de richesses & de grandeurs humaines. Les esprits changés en mieux durant près de deux siecles, donnerent à leurs ouvrages plus d'ordre, plus de précision, plus de goût, plus de raisonnement, & dès-là plus de force qu'on n'en remarque ordinairement dans ceux des premiers siecles : les circonstances où se trouvoit l'Eglise, suffisent seules à expliquer cet heureux changement. La paix, qui suivit la conversion de

Constantin, fit jouir les fideles de ce repos tranquille, si nécessaire au progrès des sciences & des arts. La culture de l'esprit distingua les écrits des Peres, qui furent dès-lors plus châtiés & plus corrects dans l'accord de nos mysteres, dans le développement de la foi, dans l'approfondissement de la morale. Les subtiles hérésies, qui n'avoient pas échappé à l'imagination ardente des Grecs, furent réfutées avec autant d'éloquence que de sagacité, par les Peres, qui trouverent de quoi exercer leur philosophie dans l'explication de la Trinité & de la consubstantiabilité du Verbe, dans l'union des deux natures & des deux volontés, enfin dans l'abîme de la prédestination.

Qui croiroit que ces Ecrivains sublimes, lumineux, fertiles, profonds, ont été peints par nos philosophes comme des ignorans, des fanatiques, des brouillons, des hommes noircis de crimes? De leur autorité privée, ils leur ont ôté l'érudition, l'esprit & le bon sens, sans doute afin d'avoir meilleur marché d'eux. Les auroient-ils donc lus? nullement. Mais ils les ont jugés sur l'opinion des hérétiques, dont ils ont recueilli les calomnies éparses dans les centuriateurs de Magdebourg, dans les écrits de Daillé, de Jurieu & de Barbeyrac. Mais, une chose qui ne doit pas nous échapper ici, c'est que leur estime pour les Ecrivains décroît plus ou moins, en raison de ce qu'ils sont plus ou moins près de la vérité. Selon cette estimation, un hérétique doit l'emporter dans la balance sur un pere de l'Eglise, à condition qu'il cedera à son tour la place à un Déiste, & celui-ci à un Athée.

L'intolérance, tant reprochée aux chrétiens, par comparaison avec la tolérance payenne, n'a pas un meilleur fondement que le reproche que leur faisoient les payens d'avoir causé la chûte de l'Empire. Le paganisme, j'en conviens, étoit tolérant, mais non de cette tolérance dont on exalte avec raison la sagesse. Tant de chrétiens moissonnés pendant plus de trois siecles, ne prouvent que trop combien les payens étoient peu tolérans. Leur tolérance consistoit seulement à souffrir des religions payennes différentes de celle établie par les loix. Elle avoit sa source dans la fausseté & les absurdités du paganisme; monstrueux assemblage de plusieurs religions distinctes, toutes fondées sur de prétendues révélations, qui, ne réclamant pas la même origine, n'étoient point établies sur leur mutuelle destruction. Ce grand nombre de révélations provenoit de celui des divinités écloses du cerveau des poëtes, & l'ouvrage des passions humaines.

Cette sociabilité de religions, qui couloit de la nature du paganisme, ne pouvoit naturellement convenir au christianisme, fondé sur une révélation véritable. La vérité supposoit nécessairement la fausseté des autres. De-là cette sainte & inflexible incompatibilité qu'il a toujours fait éclater pour toutes les religions; mais s'il est intolérant, en ce sens qu'il se refuse à tout alliage de l'erreur avec la vérité, il n'est pas du moins persécutant, à la maniere du paganisme. Pour bien connoître l'esprit des deux religions, il ne faut que comparer les sanglans édits des Empereurs payens à celui de Constantin, où, après avoir protesté de son zele à étendre le culte de Dieu, il déclare qu'il veut que dans tout son Empire les impies jouissent de la paix & de la tranquillité; qu'on n'emploie ni la violence ni la contrainte pour les amener au christianisme, mais les seules lumieres dont il brille, *parce qu'en fait de religion*, dit-il, *il est beau de souffrir la mort, & non de la donner.*

Cependant, si nous écoutons l'Auteur de la *Félicité publique*, Constantin étoit intolérant à l'excès : & pour le prouver, il forge lui-même une loi, qu'il attribue à cet Empereur, où il est dit : Nous ordonnons, *sous peine de supplice*, de croire une même Divinité en trois personnes, &c. La loi dont il veut parler n'est point de Constantin; elle porte le nom de Gratien, de Valentinien & de Théodose. Elle ne menace point les hérétiques du *supplice*, mais d'être punis, *comme les Empereurs le jugeront à propos*. Lorsque le même Écrivain ajoute, qu'il s'est élevé dans l'Eglise une nouvelle tyrannie, qui, pénétrant jusques dans les replis les plus secrets du cœur-humain, porte dans les facultés de notre ame les mêmes troubles que le despotisme civil excite dans nos replis extérieurs; c'est une nouvelle imposture ajoutée à la première.

Ce n'est pas impunément que Constantin a été le premier empereur chrétien. Quoique, selon Praxagore d'Athènes, & Libanius, tous deux Payens, il ait été le meilleur, le plus vertueux & le plus heureux de tous les Empereurs qui l'avoient précédé; quoiqu'il ait fait d'excellentes loix, contenues dans le code Théodosien, nos Philosophes ont travaillé à l'envi à nous faire de lui le portrait le plus odieux, & à le décrier du côté de la législation. Ils n'ont pas rougi de copier toutes les atrocités qu'a vomies contre lui Zozime, payen fougueux, & zélé adorateur des idoles. En revanche, ils ont prodigué leurs éloges à Julien, précisément pour avoir voulu détruire l'ouvrage de Constantin. Ils ne pouvoient marquer plus clairement leur haine pour le christianisme, ni donner sur eux une plus forte prise aux apologistes de cette religion.

### Septieme Époque.

Le christianisme déchiré par les hérésies, calomnié par la philosophie, & resserré par le mahométisme dans son ancien domaine.

Si les dispensations de la Providence dans l'ordre moral ne doivent pas nous étonner, pourquoi nous choqueroient-elles dans l'ordre surnaturel ? Les philosophes anti-chrétiens & les hérétiques, doivent être regardés du même œil, dans le monde spirituel, que les chaleurs pestilentielles de l'été & des inondations de l'hiver dans le monde physique. Comme Dieu a préparé dans les élémens des remedes contre ces fléaux terribles, il en a usé de même à l'égard de ceux qui désolent son Eglise. Il a opposé l'humilité de la foi à tout l'orgueil de la philosophie ; l'autorité éminente de son église, à l'instabilité & aux inquiétudes des hérésies ; les miracles & les prophéties à l'imposture grossiere du mahométisme.

Il paroît que le système de la nature & celui du christianisme ont été formés sur le même plan ; de maniere que nous avons droit d'en conclure qu'ils doivent provenir tous deux de la même source, de la puissance & de la sagesse divine, quelqu'inconciliables qu'ils puissent paroître avec notre raison. Dieu pouvoit sans doute faire du monde physique un système d'une beauté & d'une régularité parfaite, sans maux & sans remedes ; & du christianisme un plan de vertu moral, qui ne produisît que le bonheur, & qui n'admît ni schismes ni hérésies. Il paroît, en effet, à notre ignorance que ce plan s'accordoit bien mieux avec la justice & la raison ; mais sa sagesse en a autrement décidé. Là où elle se montre, la nôtre doit se soumettre, & adorer des desseins impénétrables à nos vues.

Il faut, dit S. Paul, qu'il y ait des héréſies, pour éprouver la foi des croyans. Cette pierre de ſcandale, qui offenſe ſi fort les incrédules, nous pouvons en quelque ſorte la ſoulever, en leur montrant que les héréſies ſont dans le vaiſſeau de l'égliſe, ce que les vents ſont ſur l'océan. De même donc que ſes eaux ſe corromproient, ſi elles n'étoient agitées, l'Egliſe auroit laiſſé corrompre inſenſiblement ſa foi, ſi le vent des héréſies ne l'eût troublée. En voulant lui ôter ſa foi, elles l'ont rendue plus attentive à la conſerver.

Le ſort de l'égliſe a été de triompher de l'héréſie ainſi que de l'idolâtrie. Des Juifs mal convertis avoient, dès l'origine du chriſtianiſme, apporté parmi les Fideles un levain caché du judaïſme, qui leur faiſoit rejetter les myſteres de la Trinité & de l'Incarnation. S. Jean écrivit ſon Evangile pour condamner les opinions judaïques, qui ne laiſſerent pas de ſe reproduire de tems en tems. Artémon ayant renouvellé l'héréſie de Cérinthe & de Théodote, qui ne faiſoit de Jéſus-Chriſt qu'un pur homme, Paul de Samoſate, Evêque d'Antioche, embraſſa ſon parti pour faire ſa cour à Zénobie, Reine de Palmyre, attachée à la religion judaïque. Les Juifs, auteurs de cette impiété, tâcherent, en s'aidant du foible qu'ils connoiſſoient à Paul pour Zénobie, de l'établir ſur le troiſieme ſiége de l'égliſe, & dans la ville où le chriſtianiſme avoit pris naiſſance ; comme ſi, pour étouffer ce beau nom, le démon eût voulu porter

porter là corruption jusques dans sa source. Les suites de cette erreur ont été désastreuses pour l'église, puisque non-seulement Photin, Evêque de Smyrne, la renouvella; mais qu'à dire vrai, les Ariens, les Nestoriens, les Eutychiens, qui attaquerent dans la suite la divinité & l'incarnation du Fils de Dieu, n'étoient que des rejettons de cette hérésie judaïque.

Ce fut de l'Egypte, ce siége ancien de toutes les erreurs & de toutes les superstitions qui avoient infecté l'univers, que sortit l'arianisme. En se modifiant diversement, il enfanta diverses hérésies qui ont troublé l'église jusqu'à la destruction de l'Empire d'Orient. Chaque mystere a eu ses hérétiques; la divinité du Verbe les Ariens, la personne de Jésus-Christ les Nestoriens, la divinité du Saint-Esprit les Macédoniens, la double nature du Christ les Eutychiens, le péché originel les Pélagiens, &c. Et comme tous les mysteres tiennent les uns aux autres par une chaîne indissoluble, les hérétiques divisés en différentes sectes, & ne niant séparément que le mystere qui avoit occasionné leur rupture, ne voyoient dans le christianisme qu'un amas de vérités isolées, sans force & sans consistance. Toutes ces hérésies furent depuis renouvellées au tems de la réforme, par les Sociniens, les premiers maîtres des déistes.

Ce fut sous Ammonius Saccas, vers la fin du deuxieme siecle, que la secte des platoniciens mo-

F

dernes songea à attaquer la nouvelle Religion, ou plutôt à sauver de ses traits, l'honneur de la philosophie, dont les intérêts se trouverent mêlés avec ceux du paganisme. Le christianisme avoit fait sous le fer de la persécution des progrès très-rapides ; il avoit décrié les Dieux & montré toute la vanité de la morale des philosophes. Un intérêt commun les réunit avec les prêtres payens, dont les temples devenoient de jour en jour plus déserts.

Ammonius crut avoir assez fait pour les philosophes, en établissant entr'eux une harmonie de système sur les grandes matieres. Mais il falloit venir au secours des religions. Le moyen de les justifier sur le polythéisme ! Pour parer ce coup, Ammonius disoit qu'il n'y avoit qu'un seul Être suprême, principe de toutes choses ; qu'il avoit distribué le gouvernement du monde en divers départemens, auxquels présidoient autant de génies, très-inférieurs à Dieu, mais supérieurs aux hommes ; que comme on leur donnoit le nom de Dieux, il leur étoit dû à cet égard une sorte de culte, bien qu'il eût été souillé de quelques erreurs, fruits naturels de la superstition. Les platoniciens, pour mieux contraster avec les chrétiens, mirent sous leur protection toutes les religions. Les plus absurdes fables trouverent grace devant leurs yeux coupables, à l'aide des sens allégoriques qu'ils inventoient. Cette philosophie étoit un résultat de dogmes platoniciens, joints à quelques dogmes chrétiens, mais tempérés

& comme mêlés des idées d'Ammonius. C'est par le platonisme même qu'elle tendoit à la destruction du christianisme, dont elle avoit emporté dans ses écoles plusieurs idées excellentes. Pour se dispenser d'être chrétiens, les éclectiques disoient que le christianisme avoit été corrompu par les Apôtres. C'est ce que répéta dans la suite l'imposteur de la Mecque, l'homme le plus fatal à cette Religion qui ait jamais existé.

Par quelle suite d'événemens une nouvelle domination, une nouvelle Religion & des mœurs jusques alors inconnues, ont-elles changé tout-à-coup la face de la Syrie, de la Palestine, de l'Egypte, de l'Afrique & de la Perse? Faisons abstraction ici des jugemens de Dieu & de ses voies inconnues, pour ne considérer que les choses humaines.

Depuis Constantin jusqu'à Héraclius, les loix de tous les empereurs, si l'on excepte Jovien, Valentinien & Gratien, avoient proscrit les hérétiques. Ces malheureux s'étoient refugiés pour la plupart chez les Arabes, qui, dans le tumulte des armes auxquelles le reste de la terre étoit en proie, avoient conservé la paix & la liberté. Procope nous apprend qu'après la destruction des Samaritains, la Palestine devint déserte; & ce qui rend ce fait singulier, c'est qu'on affoiblit l'empire, par zéle pour la Religion, du côté par où pénétrerent les Arabes pour la détruire. Les hérétiques que la persécution chassa de l'empire, animés du desir le plus violent de la vengeance, le cœur ulcéré des mauvais traitemens qu'ils avoient essuyés dans une patrie qui leur étoit chere, allerent porter leur fortune, leur industrie & la force de leurs bras chez les étrangers, qu'ils instruisirent de la foiblesse de l'état qu'ils avoient été forcés d'abandonner.

L'Arabie contenoit donc des forces capables de faire des conquêtes sur l'Empire Romain. Sa malheureuse destinée voulut qu'il se trouvât un homme capable de réunir ces forces & de les porter contre les états voisins, tels que l'Empire Grec & la Perse. Cet homme étoit Mahomet. Au milieu des divisions qui régnoient parmi les chrétiens, il apperçut deux points de réunion où ils s'accordoient tous, savoir l'unité de Dieu & la mission divine de Jésus-Christ. Tout ce que les chrétiens croyoient au-delà, il le regarda comme une altération faite à l'Evangile. L'aversion qu'il avoit conçue pour l'idolâtrie, & la vénération qu'il n'avoit pu refuser à Jésus-Christ, ne permettent pas de douter qu'il n'ait reçu des instructions de la part des chrétiens. Il retrancha du christianisme tous les mysteres qui avoient été autant de germes de discorde parmi eux; & une espece de déisme fut entée sur de prétendues révélations.

Mahomet commença par le fanatisme l'ouvrage de sa grandeur, qu'il finit par l'ambition; car il n'est pas vraisemblable qu'il fût parvenu à remplir d'enthousiasme ses compatriotes, s'il n'eût été lui-même échauffé par le fanatisme. Quel est, en effet, le grand conquérant, le fondateur d'un état, l'instituteur d'une religion qui eussent réussi par des moyens purement humains, s'ils n'avoient été naturellement portés à l'enthousiasme ? J'avoue que, pour exécuter les grandes entreprises, la chaleur de l'imagination a dû être tempérée par une portion égale de politique & de ruse. C'est ce mélange extraordinaire qui forme le caractere de ces hommes nés pour changer la face du monde ; caractere que l'on conçoit infiniment mieux qu'on ne sauroit le définir, & qui fut certainement celui de Mahomet.

Le zele contre les hérétiques est assurément très-louable, mais tout est perdu dans un état où toute la vertu consiste à être orthodoxe. Tel fut l'empire d'Orient jusqu'au moment où il s'affaissa tout-à-coup sous les armes musulmanes. Les choses en étoient venues au point, qu'en faveur de la haine contre les hérétiques, on faisoit grace à ceux qui n'étoient recommandables que par elle ; comme si c'eût été trop exiger d'un homme qu'il joignît à la doctrine la pratique des vertus.

Le mauvais gouvernement & le faux zele, qui minerent & affoiblirent l'Empire Grec, ont fait tout le succès des armes musulmanes & préparé la révolution que Mahomet devoit amener dans le monde. Si l'on s'arrête au caractere propre de sa religion, qui est d'agir par un esprit destructeur ; d'imposer silence à l'ambition, en permettant la volupté ; de favoriser la paresse, en interdisant les opérations de l'esprit ; d'arborer le despotisme, pour en faire le support du trône : on sera autant porté à le regarder comme l'ouvrage d'un imposteur, qu'on l'est à concevoir une idée tout opposée de Moyse & de Jésus-Christ.

Lorsque l'Evangile dicté par la vérité fut obligé de céder la place à l'Alcoran écrit par le mensonge, dans des contrées qui avoient été le domaine de Jésus-Christ, les Grecs amollis par le luxe & noyés dans les plaisirs, étoient redevenus payens, sous le nom de chrétiens. Aidés de la grace, ils s'étoient excités à embrasser une religion qui soumettoit le cœur à des loix pénibles, qui mortifioit les sens par de douloureuses privations, qui tranchoit jusqu'au vif dans les inclinations les plus cheres. Ce fut là la gloire du christianisme. Mais pour embrasser le mahométisme, ils n'eurent qu'à suivre la pente de leur cœur, d'autant qu'il étoit favorable aux passions & qu'il ouvroit un vaste champ à leurs desirs illimités.

Mahomet n'a fait des miracles que vis-à-vis de lui, & de ses miracles vantés par les Musulmans, il n'a eu de confidens que ses parens, ses amis, ses prosélytes. Cet habile imposteur savoit qu'autre chose est de persuader ses amis, & autre de réduire au silence ses ennemis ; qu'autre chose est d'en imposer au jugement des hommes, & autre de tromper leurs sens ; qu'un essai de la derniere espece peut bien réussir avec quelques personnes, mais non avec

*avec la Religion.* 87

des adversaires qui feront tous leurs efforts pour découvrir la tromperie ; que si elle est une fois découverte, l'artifice sera rendu public ; que les conséquences en seront infailliblement funestes au plan, & qu'ainsi l'on ne doit absolument risquer une semblable supercherie. Mahomet étoit trop rusé pour exposer un édifice aussi fragile que l'islamisme aux orages & aux tempêtes : & dans le besoin il auroit donné des leçons à ceux de nos philosophes, qui fondent leurs notions de la crédulité des peuples pour les miracles, sur des subtilités métaphysiques, & qui pensent que le genre-humain se dirige sur leurs vaines déclamations.

### Huitieme Époque.

Tableau du Christianisme, depuis la chûte de l'Empire d'Occident, jusqu'à celle de l'Empire d'Orient.

L'histoire, qui comprend tout l'intervalle de cette époque, semble n'offrir que des terres arides & incultes, sur lesquelles l'imagination glacée expire nécessairement. On est comme fatigué des longs combats de l'empire & du sacerdoce, bien dignes sans doute des siecles déplorables qui les virent naître. L'esprit, après s'être comme reposé pendant tout ce tems de barbarie, où les mœurs furent si bien assorties à l'ignorance qu'elles avoient produite, & qui les reproduisit à son tour, manifesta son réveil

& son action par la culture des sciences & des arts qui lui vinrent d'Orient, lorsque le farouche Musulman les fit refluer en Occident. Mais avant d'arriver à ces jours de lumieres, par quelle nuit épaisse de barbarie avons-nous à passer? C'est là que nous verrons l'étrange gouvernement féodal avec ces fameuses croisades, qui arracherent, pour ainsi dire, l'Europe de ses fondemens, pour la transporter en Asie. C'est là que nous verrons le christianisme aux prises avec la barbarie, adoucissant les mœurs féroces des peuples, qui dépécerent l'empire Romain où ils fonderent de nouveaux royaumes.

La chûte de Rome avoit été prédite par le prophete Daniel, & chantée par S. Jean dans son apocalipse. A ne considérer l'empire que dans lui même, chaque jour le précipitoit vers sa décadence. Il n'y avoit plus de discipline dans les troupes, ni autorité dans les chefs, ni vigueur dans la jeunesse, ni prudence dans les vieillards, ni amour de la patrie dans le peuple. Les Romains amollis par le luxe ne se défendoient contre les Barbares qu'en leur opposant des barbares soudoyés. Mais un plus grand mal pour Rome que tous ces maux, c'étoit d'être aux prises avec Dieu, qui, voyant la mesure de ses abominations comblée, en fit la justice exemplaire qu'il avoit prédite. Rome fut donc prise plus d'une fois par les Barbares. Le sang des martyrs dont elle s'étoit énivrée, fut vengé, & l'empire d'Occident demeura en proie aux Barbares. Si une

*avec la Religion.*

main puissante n'eût soutenu le christianisme, il auroit succombé sous leur joug avec les sciences effrayées de pareils vainqueurs. L'état de la religion suit, à certains egards, les révolutions de l'esprit humain, qui dépendent à leur tour de mille circonstances étrangeres à la religion. Il est heureux que Rome ait conservé dans l'éclipse des sciences, ce qui restoit de connoissances dans le monde. De là est partie l'étincelle qui a rallumé peu à peu le flambeau de la littérature.

Pour transformer les Barbares en des hommes qui eussent des mœurs plus douces & des loix plus justes, il ne falloit qu'instruire leur barbarie & leur férocité; ils dûrent aux Romains cet avantage. Comme ils n'étoient que barbares, ils n'étoient point encore corrompus, au lieu que les Romains depuis long-tems policés, étoient énervés par leurs vices. Ceux-ci communiquerent insensiblement à ceux-là de sages institutions avec les arts utiles: mais comme le courage & la vertu ne se communiquent point à une nation corrompue, il y eût tout à gagner pour les Barbares & tout à perdre pour les Romains.

Si le despotisme vint s'asseoir en France sur le trône que les Césars laissoient vacant, on doit l'attribuer à la confusion des deux pouvoirs que Constantin le Grand avoit séparés entre les préfets du prétoire & les maîtres de la police. Clovis, en les réunissant sur sa tête, négligea de les diviser entre les magiſtrats & les militaires : cette confuſion fût la ſource de tous les déſordres. Après avoir dégradé le Monarque ſous la premiere race, elle finit ſous la ſeconde, par dégrader la magiſtrature elle-même. Il n'avoit pas moins fallu que le génie de Charlemagne pour ſuſpendre les abus nés de l'union des offices militaires avec les magiſtratures civiles.

Sous ſon regne, le peuple fut enfin compté pour quelque choſe dans une nation où le pouvoir de la nobleſſe l'avoit cruellement opprimé. Les ordres de l'état ſe contrebalançant par le tempérament que le Prince avoit ſu mettre entr'eux, il reſta le maître, & tous furent contenus : c'eſt l'endroit le plus beau du Gouvernement de Charlemagne, que les pays qui compoſent aujourd'hui la France & l'Allemagne, ayant été tranquilles près de 50 ans, & l'Italie pendant 13, depuis ſon avénement à l'Empire. Mais plus le gouvernement de cet Empereur étoit beau, plus il étoit près de ſa décadence, s'il ne devoit pas avoir un ſucceſſeur capable d'en ſoutenir la maſſe. L'empire s'étoit maintenu par la grandeur du chef ; dans Charlemagne, le Prince avoit été grand, mais l'homme l'avoit été davantage. Son génie s'étoit répandu ſur toutes les parties de l'empire ; mais ne lui ſurvivant point dans ſes ſucceſſeurs, il falloit néceſſairement que l'empire tombât de tout ſon poids. C'eſt ce qu'on vit arriver ſous les regnes foibles de Louis-le-Débonnaire & de Charles-le-Chauve. La nation ſe précipita d'elle-même dans une horrible anarchie. Les princes qui avoient aliéné ou rendu héréditaires leurs bénéfices, n'ayant plus de loix à faire parler, ni de graces à accorder, ne rencontrerent que des fujets infideles & défobéiffans. La nation n'offroit plus que le dégoûtant tableau des pillages des Normands, des vexations des feigneurs, de la ruine du clergé & de la mifere du peuple. De fimples miniftres de loix qu'étoient les comtes, ils s'érigerent d'eux-mêmes en légiflateurs, ou plutôt ils devinrent dans leurs comtés les tirans des peuples. Une volonté arbitraire décida de tous les droits, jufqu'à ce qu'enfin le tems confacrât les coutumes que la violence établiffoit. Dans ce chaos où étoit plongée l'Europe, le plus fort s'élevoit fur les ruines du plus foible. La puiffance fouveraine fe compofa d'une foule de petits pouvoirs enchaînés & dépendans; efpece d'ariftocratie tumultueufe, & de defpotifme divifé, qui avoit l'indépendance des monarchies, fans l'activité de leurs principes, & les troubles des républiques fans leur liberté.

Le facerdoce fe trouva mêlé dans un gouvernement, où chacun fe croyoit en droit d'arracher la portion de pouvoir, que fon rang dans la fociété pouvoit lui donner. C'eft moins à fon ambition qu'il faut s'en prendre, qu'à la malheureufe néceffité des tems, fi pour le bonheur des peuples, il domina dans cette anarchie, connue fous le nom de gouvernement féodal. A mefure que la puiffance royale à repris ses droits, le sacerdoce est rentré dans l'ordre naturel; mais tandis que la terre gémissoit sous des princes sans lumieres, sous des guerriers sauvages, qui ne savoient que se battre, il étoit nécessaire qu'un pontife éclairé leur servît d'arbitre, & si l'on veut, d'épouventail, & qu'il régnât sur eux & sur leurs états, puisqu'ils étoient incapables de les régir par eux-mêmes.

La barbarie dont l'Europe fut couverte vers la fin du VI siecle, & qui, produite par les révolutions du Nord, fut fomentée par le gouvernement féodal, n'a commencé à se dissiper qu'au tems des croisades qui polirent l'Europe. Si ce bienfait joint à plusieurs autres, tels que l'affoiblissement du gouvernement féodal, la diminution de la puissance Musulmane, l'accroissement du commerce, la connoissance de la navigation, ne suffit pas pour être regardé comme une apologie des croisades; du moins, il doit calmer les reproches de nos philosophes sur un événement qu'on vit ainsi que le gouvernement féodal, paroître en un moment dans toute l'Europe, sans qu'ils tinssent à ce qu'on avoit vu jusqu'alors.

Si la plus belle partie de notre hémisphere est aujourd'hui plongée dans la plus affreuse barbarie, nous ne pouvons l'imputer à d'autre cause qu'au mahométisme, puisqu'au tems où le christianisme y subsistoit, les arts & les sciences y florissoient. Si durant plusieurs siecles, l'Europe a éprouvé la rouille de la barbarie, elle l'a due aux incursions des peuples du Nord, & non au chriſtianiſme ridiculement accuſé d'avoir arrêté les progrès de l'eſprit humain, d'avoir perverti la morale & la politique, de s'être perdue dans une métaphyſique obſcure & querelleuſe, d'avoir corrompu par les ſuperſtitions la phyſique & l'hiſtoire naturelle.

Tout le regne de Charlemagne fut marqué par l'éclatante protection envers les gens de lettres; ſi cet effort de protection eût été continu ſous ſes ſucceſſeurs, la lumiere progreſſive des ſciences & des arts auroit chaſſé l'ignorance & la barbarie; mais leur empire regagna bientôt ce qu'elles avoient uſurpé ſur lui. Loup Servat, indigné de l'aſſerviſſement des eſprits de ſon ſiecle, nous les repréſente comme ridiculement honteux d'acquérir des connoiſſances. En falloit-il davantage pour étouffer tous les talens & pour décourager ceux qui pouvoient prétendre à quelque gloire littéraire? l'excès du mal força pourtant Louis-le-Débonnaire & Charles-le-Chauve à donner quelques ſoins à la culture des lettres. Le ſol aride produiſit très-peu de fruits. La barbarie dure des ſiecles, il ſemble que ce ſoit notre élément.

L'Angleterre conſervoit encore au huitieme ſiecle quelques foibles reſtes de la lumiere qui y avoit brillé long-tems; mais dans le neuvieme, la deſcente des Normands, & la conquête que firent ces pirates de la moitié du royaume, le replongerent tout-à-coup dans la barbarie. Le jeune Alfred fit renaître les arts & les sciences dans ses états ; c'est le Charlemagne des Anglois, excepté qu'il fut beaucoup plus lettré que cet Empereur. Il le fut même beaucoup pour son siecle. Sous son regne, la France rendit à l'Angleterre ce qu'elle en avoit reçu, 80 ans auparavant. Alcuin invité par Charlemagne, avoit porté à la cour de France le goût des lettres : Grimbald vint à Londres à la sollicitation d'Alfred, qu'il fit chancelier de l'université d'Oxford qu'il venoit de fonder. De tels événemens sont remarquables dans l'histoire littéraire du neuvieme siecle, & toutes les chroniques de ce temps-là ont soin de faire mention de l'apparition d'un bon grammairien ou d'un noble savant, avec autant de respect, que les anciennes histoires parlent d'un nouveau législateur, ou d'un héros libérateur de sa patrie. Au moins, on étoit assez savant dans ce siecle, pour savoir combien la culture des lettres, toutes choses d'ailleurs égales, met de différence entre deux peuples.

L'ignorance, quoiqu'attaquée de toutes parts, triomphoit néanmoins des vains efforts des princes. Alfred ne réussit pas mieux que Charlemagne, dans l'entreprise d'instruire & d'éclairer ses sujets : une nuit plus sombre encore que celle qu'il avoit tâché de dissiper, couvrit en peu de temps & obscurcit le monde ; l'ignorance ramena les vices & la corruption qui en sont inséparables. D'un autre côté, les guerres de Louis-le-Débonnaire avec ses enfans,

## avec la Religion.

les incursions des Normands qui affligerent pendant tout le neuvieme siecle une grande partie de l'Europe, furent tellement fatales aux lettres, que sur la fin de ce siecle, on n'en voyoit presque plus aucun vestige. C'est ainsi que dans l'horreur des guerres, tant civiles qu'étrangeres, & dans la corruption des mœurs noires du neuvieme siecle, se préparoit par degrés le dixieme, nommé dans les fastes de l'histoire occidentale, le siecle *obscur & malheureux*, le siecle de *fer & de plomb*. Il seroit difficile de décider laquelle des deux l'emporta, l'ignorance ou la corruption.

Quant au chapitre des prospérités & des adversités qui ont eu lieu dans cette époque, il s'en faut beaucoup que les conquêtes de l'église dans le Nord, aient compensé la perte des vastes pays qui lui furent enlevés par le mahométisme, & sur-tout celle de l'église Grecque, que le schisme de Photius en sépara. C'est-là la seule réflexion que nous puissions nous permettre, en voyant, pour ainsi dire, le mahométisme marcher l'égal du christianisme, & régner aujourd'hui dans les lieux de son ancien domaine.

### Neuvieme Époque.

*Le milieu du XV$^e$. Siecle.*

Chûte de l'Empire d'Orient & le reflux des lettres en Occident.

Un écrivain célebre, dans ses mélanges de littérature, observe que depuis environ 300 ans, la nature a destiné le milieu de chaque siecle à être l'époque d'une révolution dans l'esprit humain, que la prise de Constantinople au milieu du quinzieme siecle a fait renaître les lettres en Occident ; que le milieu du seizieme a vu changer rapidement la religion & le système d'une grande partie de l'Europe, que Descartes au milieu du dix-septieme siecle, a fondé une nouvelle philosophie ; qu'enfin le milieu du siecle où nous vivons, n'est pas moins remarquable par la révolution qui s'est faite dans les esprits. Ces quatre révolutions ayant eu de grands rapports avec la religion, elles entrent d'elles-mêmes dans notre plan ; & pour commencer par la premiere, nous y verrons les nouveaux efforts de l'impiété s'étayant de la philosophie pour corrompre les dogmes chrétiens. Tertullien avoit depuis long-temps prévenu les esprits contre les secours qu'ils prétendoient tirer des philosophes pour affermir la religion. Presque toutes les hérésies avoient germé, selon lui, dans le sein de la philosophie.

Le christianisme avoit dégénéré dans l'empire : au lieu de relever les courages, une espece de bigoterie universelle, qui en avoit corrompu l'esprit, les avoit abattus. Tel étoit l'état des Grecs, lorsque la fortune se plut à les commettre avec les Arabes. L'enthousiasme de Religion animoit ceux-ci, tandis qu'une

*avec la Religion.*

qu'une superstition grossiere, qui abaisse l'esprit autant que la religion l'éleve, avoit abruti ceux-là, au point de placer dans des images toute leur vertu & toute leur confiance. Un esprit de vertige tourmenta l'empire jusqu'à sa destruction. Par une étrange contradiction qui se voit dans les choses humaines, on vit l'état gouverné par des moines, c'est-à-dire, par des gens destinés par une profession plus particuliere à fuir & à craindre les affaires. On ne sauroit croire quel mal il en résulta. Ils affoiblirent l'esprit des princes & leur firent faire, imprudemment même les bonnes choses. Tout se remplit de controverses qui ne cessoient d'embrouiller la religion. Toute l'attention des empereurs étoit occupée à les calmer; & plus elles étoient vives, plus elles devenoient frivoles : mais cela même de voir la peine qu'ils prenoient à les assoupir, les accréditoit, en faisant sentir à ceux qui les excitoient, que leur maniere de penser étoit si importante, qu'elle décidoit du repos, de l'état & de la sûreté du prince. L'empire affaissé sous un si mauvais gouvernement, desséché dans sa substance par la désertion de provinces entieres délaissées par l'hérésie, courut au-devant de la domination des Turcs, qui n'eurent pas beaucoup de peine à s'en rendre les maîtres.

La prise de Constantinople chassa vers l'Italie une foule de Grecs, qui porterent avec eux l'amour des sciences & des arts, & en particulier le goût de

G

leur langue. L'Italie s'enrichit une seconde fois de la dépouille des Grecs, cultiva les belles-lettres, & devint florissante par elles. L'émulation les porta bientôt en France, d'où elles se répandirent dans les autres contrées de l'occident. Et pour surcroît de bonheur, la découverte de l'imprimerie, concourant avec la renaissance & le renouvellement des lettres, contribua beaucoup à polir en peu de tems l'Europe, en minant la rouille de la barbarie, que les siecles précédens avoient extrêmement épaissie.

Rome sur-tout protégea les arts & les belles-lettres. Ses Pontifes regarderent leur culture comme un nouveau moyen d'éclairer les esprits, & de les attacher plus fortement à la religion, qui ne craint rien tant que de n'être pas assez connue. Mais tandis que les belles-lettres décoroient l'édifice de la religion, la philosophie tenta de le détruire. Les systêmes de Zénon, d'Anaximandre, de Diogene, d'Epicure, qui depuis long-tems étoient ensevelis dans l'oubli, reparurent dans le monde pour s'allier avec le christianisme, ou pour en détruire les principes, selon que les philosophes & les théologiens qui les firent revivre étoient affectés pour ou contre cette religion. Comme le goût dominant les avoit portés à la philosophie, ils adopterent les sentimens des philosophes Grecs, peu inquiets si ces sentimens s'accordoient avec ceux de la religion, dont ils étoient peu occupés. C'est pour la premiere fois que le christianisme se

*avec la Religion.*

vit abjurer par ceux mêmes qui étoient nés dans son sein. Tels furent Pomponace, Césalpin, Vanini & Jordanus Brunus, qui, du mépris du christianisme, passerent jusqu'à l'athéisme, sous les enseignes de l'aristotélisme.

La philosophie, lasse & honteuse de tant de courses vaines, qui avoient toujours abouti à des erreurs, étoit enfin revenue à la vérité d'où elle étoit partie : elle avoit reconnu l'unité de Dieu, son pouvoir absolu sur toute la nature, sa providence paternelle sur tous les hommes, & la vie de l'ame humaine après la mort du corps : c'étoit la foi premiere du genre-humain, rétablie par le christianisme dans sa splendeur primitive. Qui n'eût cru, qu'étant instruite par quatre siecles d'efforts inutiles, elle s'en tiendroit pour toujours à ces points fixes ? Mais graces à l'inquiétude de l'esprit humain, les erreurs des peres servent rarement à instruire les enfans. La philosophie ayant reparû dans le monde, après avoir été sage & circonspecte, sous les Bacon, les Descartes, les Leibnitz, les Newton, a repris ses premiers erremens vers le milieu du 18$^e$. siecle, & s'est replongée dans les questions interminables où la Grece s'étoit égarée pendant quatre siecles.

Cependant des hommes qui n'étoient rien moins que philosophes, connus sous les noms de Vaudois, de Bégards, de Frérots, de Freres spirituels, d'Apostoliques, de Dulcinistes, de Flagellans, de

G ij

Turlupins, couroient de tous côtés déclamant contre les erreurs, les richesses & le pouvoir du clergé. Ils prenoient sur lui le pas, & le dévouoient aux anathêmes. Dépouiller le clergé de ses richesses, le pape de sa jurisdiction, abolir la hiérarchie ecclésiastique, étoient le cri de guerre qu'ils faisoient retentir de toutes parts. Leurs principes n'avoient besoin, pour produire des sectes dangereuses, que de tomber dans une tête qui pût leur donner de l'ordre & les rendre spécieux. Cette tête se trouva, & ce fut celle de Wiclef, qui exhala vivement sa bile contre les scandales des papes & des évêques, contre les excommunications lancées avec tant de légéreté & de fureur, contre toute puissance ecclésiastique. Ses déclamations violentes furent goûtées en Angleterre, où le joug de la papauté se faisoit sentir infiniment plus qu'ailleurs. Elles lui formerent un parti que la chambre des communes protégeoit, qui fit des progrès cachés que ne put arrêter la puissance des rois & du clergé, & qui s'accrut par les supplices.

La condamnation des erreurs de Wiclef, dans un concile, tenu à Londres par Guillaume de Courtenay, archevêque de Cantorbéry, ne fut qu'un attrait de plus pour Jean Hus, & pour son disciple, Jérôme de Prague, qui les porterent en Allemagne. Ils la remplirent de leurs cris contre les vices du clergé, contre la tyrannie de la cour de Rome, contre l'avidité insatiable des moines. Que de voix éloquentes, pour persuader un peuple excédé des taxes qu'il payoit à Rome! Les Hussites commençoient à se faire craindre en Bohême; & déja il étoit aisé de prévoir que cette étincelle causeroit un grand incendie. Enfin Jean Hus & Jérôme de Prague n'eurent pas plutôt expié sur des bûchers le crime de leurs erreurs séditieuses, que de leurs cendres encore fumantes il s'alluma un feu dangereux, que Sigismond eut beaucoup de peine à éteindre.

Cette tourbe de sectaires, en voulant détruire le sacerdoce, anéantissoit le christianisme. S'il est nécessaire, c'est sur-tout dans une religion révélée, qui suppose une mission divine, se perpétuant par une succession non-interrompue. S'il y avoit en elle la moindre lacune, quelle main seroit capable de rejoindre les anneaux de la chaîne?

Tous ceux qui ont voulu sapper l'autorité des pasteurs de l'église, se sont servis des mêmes princpes pour attaquer l'autorité des souverains. Comment ont-ils attaqué l'autorité de l'église? C'est en établissant que la puissance même, dans l'ordre de l'interprétation des écritures, des décisions de la foi, de la sagesse du gouvernement, est donnée au corps de l'église, & non à ses ministres, qui ne sont exactement que ses mandataires. Or, selon la doctrine philosophique, les souverains ne sont que les mandataires de leurs sujets. Telle

fut l'erreur de Wiclef & de Jean Hus, condamnée par le concile de Constance, renouvellée par Luther & Calvin, & proscrite par le concile de Trente. Tant il est vrai qu'on ne peut attaquer l'autorité de l'église, sans attaquer celle des souverains ! J'ouvre l'histoire des établissemens des Européens dans les deux Indes, & j'y lis ces lignes, qui sont devenues le code d'une nouvelle philosophie :
« C'est, dit cet écrivain, par le double abus de
» la crédulité & de l'autorité, que toutes les absur-
» dités, en matiere de culte & de politique, se
» sont introduites dans le monde pour écraser les
» hommes. Ainsi le premier signal de la liberté
» chez les nations, les a portées à secouer ces
» deux jougs à la fois ; & l'époque où l'esprit-
» humain commença à discuter les abus de l'église
» & du clergé, est celle où la raison sentit enfin
» les droits des peuples, & où le courage essaya
» de poser les premieres bornes au despotisme ».
(*Hist. polit. & philos. des établissemens des Européens dans les deux Indes*).

## Dixieme Époque.

### Le milieu du XVIᵉ. Siecle.

Le christianisme mal réformé par Luther & Calvin, ces deux patriarches de tant de sectes opposées.

Il faut remonter jusques-là, pour y découvrir

le germe caché de cet esprit d'irréligion qui caractérise notre siecle. La réforme faite il y a plus de trois siecles dans la religion, est ce qui la perd aujourd'hui. Ce n'est pas sans exciter de violens mouvemens, qu'on entreprit de renverser un systême de croyance religieuse, fondé sur des préjugés anciens & profondément enracinés, pour lui substituer une doctrine tout-à-fait opposée dans son esprit & dans ses effets. Les protestans attribuent la réussite de cette entreprise à une providence divine, qui fait, dès qu'il lui plaît, amener des événemens que toute la sagesse humaine juge impossibles. Et comme l'intervention du ciel en faveur de la religion chrétienne, se manifesta dans son origine par des miracles & des prophéties qui en scelloient la vérité, de même, disent-ils, on ne peut s'empêcher, bien qu'aucun des réformateurs n'ait possédé des dons surnaturels, de reconnoître quelque chose de miraculeux dans cette préparation merveilleuse des circonstances qui disposerent les esprits à recevoir leur doctrine. Ce superbe langage des protestans a été bientôt démenti, quand la suite des événemens nous a appris que, sous cette réforme spécieuse, couvoit l'esprit d'irréligion, qui cause aujourd'hui de si funestes ravages dans la cité sainte.

Quelle large porte, en effet, les novateurs n'ont-ils pas ouverte à toutes sortes d'erreurs, en frappant fur les fondemens profonds & antiques de l'ancienne hiérarchie! Ils ont ébranlé l'édifice de la religion chrétienne; & détruifant d'une main ce qu'ils établiffoient de l'autre, ils fe font mis eux-mêmes en contradiction avec les favans ouvrages qui font fortis de la plume de leurs écrivains.

Luther & Calvin, ofant innover dans l'ancienne croyance, entreprirent de réformer cette églife irréformable dont Jéfus-Chrift eft le chef, cette églife qu'il ordonne d'écouter lui-même, & qu'il a promis de ne jamais abandonner. Le premier n'eut pas plutôt tiré devant les yeux de la multitude le rideau facré des myfteres, que les efprits fortis des bornes de l'autorité, mirent en queftion les opinions le plus anciennement & le plus univerfellement établies. L'appât de la nouveauté leur fit parcourir fans fcrupule les routes inconnues qu'on leur ouvroit, & examiner des myfteres, qui pour le bien de la paix auroient dû être pour eux toujours derriere un voile. L'acquiefcement à ces myfteres procédoit de l'autorité de l'églife univerfelle, & non d'une difcuffion méthodique, dont la multitude étoit incapable. Les efprits, faifis d'étonnement, refterent quelque tems incertains fur le choix des partis.

La nouveauté de la doctrine, le plaifir d'un triomphe imaginaire dans la difpute, le dégoût de la contrainte impofée par l'ancienne religion, des abus trop réels, mais exagérés par les ennemis de Rome, furent pour bien des perfonnes des motifs déterminans de quitter la religion de leurs peres: Ceux qui furent pouffés dans une direction tout-à-fait oppofée, s'attacherent d'autant plus à l'Eglife Romaine; & dès-lors les limites des deux religions refterent invariablement fixées.

Tandis que le fanatifme portoit les dogmes des réformateurs dans une grande partie de l'Europe, le tems y faifoit renaître l'amour de l'étude, & le goût des belles-lettres. C'eft à cet appât que fe laiffa prendre la France, quand elle reçut dans fon fein la doctrine peftiférée, dont elle fut abreuvée par les favans que Luther avoit eu l'art de flatter, pour les engager dans fes intérêts. L'étude qu'ils avoient faite des langues hébraïques & grecques, leur donna un avantage fur les fcholaftiques, à qui ils eurent fouvent occafion de reprocher avec juftice qu'ils étoient de mauvais commentateurs de l'écriture. Les abus, repris & corrigés par eux, les firent regarder comme des hommes bien fupérieurs aux théologiens, & leur réforme comme le rétabliffement du chriftianifme. Elle qui d'abord n'avoit été que le partage du fanatifme, eut dans la fuite pour défenfeurs des hommes d'efprit, des favans profonds, des écrivains habiles.

L'Angleterre, théatre mobile de tant de fcenes jouées en des temps différens, doit à l'amour inconftant de Henri VIII la révolution qui la fit paffer de l'ancienne Religion à la nouvelle. Le premier pas que fit ce Prince & qui le conduifit fi loin dans la suite, fut de se déclarer chef souverain de l'Eglise Anglicane. Ce qu'il y eut d'heureux pour lui, c'est qu'errant au gré de son caprice entre la foi catholique qu'il vouloit maintenir, & la nouvelle doctrine dont il adoptoit un article qui dans la suite devoit entraîner tous les autres, je veux dire, le Schisme complet avec l'Eglise Romaine; le hasard fit que sa conduite le dirigea plus efficacement vers le pouvoir despotique que n'auroient pu faire les politiques les plus profonds qui lui en auroient tracé le chemin. En tenant la balance entre les deux partis qui vouloient l'amener chacun à sa croyance, il ne s'emparoit que mieux d'une autorité sans bornes sur l'un & sur l'autre.

L'autorité sans bornes & le caractere impétueux de Henri avoient tenu dans une soumission égale les partisans des deux doctrines opposées; mais il fut aisé de prévoir combien à sa mort les protestans alloient gagner de terrain sur les catholiques. Comme parmi les membres du conseil de la régence, il y en avoit plusieurs qui s'étoient enrichis de la dépouille du clergé séculier & du clergé régulier, ils étoient intéressés à désunir de plus en plus Rome & l'Angleterre. Ils ne pouvoient mieux y réussir que par une opposition formelle d'opinions spéculatives, de discipline & de culte aux dogmes & au gouvernement de l'Eglise Romaine. Le génie de la réforme s'étoit déployé dans toute son étendue, en jettant les esprits dans un genre de dévotion enthou-

*avec la Religion.* 107

fiaste, que le desir de contraster avec les catholiques rendoit encore plus ardent. Ils abolirent tous les rites, toutes les cérémonies, la pompe, l'ordre & les observances extérieures comme contraires à leur contemplation spirituelle & à leur commerce immédiat avec le ciel. Le gouvernement ne tarda pas à s'appercevoir des conséquences dangereuses qui devoient bientôt naître du désordre des imaginations enflammées. Ainsi tenant la main aux progrès des nouveaux dogmes, il empêcha qu'ils ne fussent aussi rapides qu'ils devoient l'être. A ce torrent qui menaçoit de tout envahir il opposa le plus qu'il put l'ancienne croyance, il maintint un degré de subordination dans la discipline, & une partie de la pompe, de l'ordre & des cérémonies du culte public. Il conçut même le plan d'une nouvelle hiérarchie, & projetta de la combiner si bien avec la police du royaume, qu'elle fût à la fois une barriere inébranlable contre Rome, & un frein pour le peuple assez puissant contre l'enthousiasme de la réformation, qui tendoit sans cesse à s'écarter du centre de la subordination.

Si la hiérarchie a été conservée dans l'Eglise Anglicane, il faut l'attribuer à l'interposition du Souverain, qui modéra l'effervescence des esprits, & ne laissa un libre cours à la réformation qu'en mesurant ses progrès sur ses propres intérêts. Il n'en fut pas de même en Ecosse, où la réformation fut l'ouvrage du peuple toujours aveugle & impétueux dans les révolutions qu'il amene.

Ce fut dans la fureur & dans l'impétuosité des guerres que la réforme s'établit dans les Pays-Bas sur les fondemens de cette république fameuse, le centre de l'industrie & de la liberté, dont les armes & la politique se sont signalées dans ces grands chocs qui ont ébranlé l'Europe. Elle dut sa naissance à la tyrannie d'un gouvernement dur & cruel, qui, en même temps qu'il travailloit à dépouiller ces provinces de leurs droits & de leurs priviléges, employoit les moyens les plus violens pour détruire les hérétiques. Sept petites provinces animées par leur misere & leurs malheurs osoient se déclarer ennemies du plus puissant monarque de l'Europe. Elles ne voulurent point d'une Religion qui leur fût commune avec Philippe.

La réforme de Calvin fut adoptée par ces belliqueux républicains, & leur Religion leur devint d'autant plus chere qu'ils la reçurent des mains de la liberté. Depuis cette époque aussi fatale à leur foi, qu'heureuse par leur affranchissement de la domination Espagnole, ils n'ont rien négligé pour en affermir le culte au cœur de leurs enfans ; mais se souvenant en même temps des funestes effets de l'intolérance, dont ils furent les victimes sous la maison d'Autriche, ils ont accordé l'exercice libre de toutes les religions dans toute l'étendue de leurs domaines. Là, sous l'ombrage sacré de la liberté, le commerce appellé de toutes les parties du monde a enrichi ces heureux bords.

Un concile œcuménique étoit la seule digue qu'on pût opposer au torrent des hérésies. Les protestans se sont plaints de son ferme attachement à l'ancienne doctrine. Mais si le propre des ouvrages de Dieu est d'être stables, & le propre de ceux des hommes d'être assujettis aux vicissitudes, comment pouvoient-ils croire divines des opinions nouvelles? Demander une réformation dans la foi, c'étoit attaquer l'église dans ses fondemens, & présenter le christianisme comme l'ouvrage de la politique, de l'ambition & de l'intérêt des prêtres.

Un homme qui a lu l'histoire de l'église, sans y remarquer la fermeté, & si je l'ose dire, la fierté & la hauteur avec laquelle l'église a porté dans tous les siecles ses décisions sur le dogme, n'a point connu le véritable caractere de l'église catholique depuis son établissement. C'est de son tribunal qu'est partie la foudre, dont, après tant de siecles, sont encore fumantes les sectes des Ariens, des Macédoniens, des Nestoriens, des Eutychiens, des Monothélites, des Manichéens, des Pélagiens, des Novatiens, des Montanistes, & tant d'autres qui ne subsistent que dans les écrits qui en parlent. Elle s'est rallumée dans les derniers temps contre les Albigeois, les Vaudois, les Wiclefistes, les Hussites, & notamment contre les Luthériens & les Calvinistes. Jalouse de transmettre dans toute sa pureté le sacré dépôt de la foi, elle la regarde comme une fleur délicate dont le moindre souffle d'erreur ternit l'éclat. Si elle n'étoit l'interprete de l'écriture sainte, & le juge suprême dans les contestations qui divisent les chrétiens, quelle ressource son divin fondateur lui auroit-il ménagée contre les héréfies & les schismes ?

Lorsque Luther & Calvin briserent d'une main hardie les liens qui tenoient les fideles attachés à l'Eglise Romaine, & qu'ils se souleverent contre ces entraves antiques, fortifiées par le respect de plusieurs siecles, ils réclamerent la raison & l'évidence qui ne permettent point à l'erreur de prescrire contre la vérité. Ils annoncerent hautement la liberté la plus entiere dans les opinions. Mais le principe qui avoit illustré les fondateurs de la secte, devint nuisible à la secte même. La liberté de penser dont ils avoient savouré toute la douceur, en se soulevant contre l'Eglise Romaine, leur devint insipide, quand il fallut la partager avec des hommes dont ils dédaignoient d'être égaux. S'ils n'eussent trop violemment abattu ce qu'ils appelloient l'idole du despotisme spirituel, ils en auroient bientôt ramassé les matériaux pour en composer une nouvelle statue qu'ils auroient réintégrée dans le sanctuaire de leurs temples. S'ils n'ont osé se dire infaillibles, du moins ils ont agi comme s'ils l'étoient.

L'intolérance ecclésiastique étant l'apanage de la

vraie Eglife, entre effentiellement dans fa conftitution. Ainfi les fectes proteftantes qui fe font relâchées à cet égard, ont violé la loi du chriftianifme qui la rend inexorable contre toute erreur. La réforme n'a pu jamais parer à ce vice inhérent à fa conftitution, en imaginant je ne fais quelle diftinction d'articles fondamentaux qu'elle n'a jamais pu fixer. La tolérance des erreurs une fois admife ne connoît plus de limites, & il faut néceffairement l'étendre au-delà des bornes du chriftianifme. Tout inflexible qu'il eft avec toutes les erreurs, il n'a pas néanmoins le défaut du mahométifme, qui ne parle que de glaive & n'agit fur les hommes qu'avec cet efprit deftructeur qui l'a fondé. Voyez comment il s'eft répandu dans l'Empire Romain & dans tous les lieux affervis à fes loix. Cet efprit de douceur & de modération qui le caractérife ; cette foumiffion refpectueufe envers les fouverains qu'il ordonne à fes fectateurs ; cette patience invincible qu'il oppofa aux Nérons & aux Dioclétiens fes perfécuteurs : toutes ces admirables qualités, jointes à une morale pure & fublime qui en étoient la fource, le firent recevoir dans l'Empire Romain. Si dans ce grand changement qu'il produifit fur les efprits, le repos de l'Empire fut troublé, la faute en eft au paganifme qui s'arma de toutes les paffions contre une Religion que Dieu lui-même avoit réfolu d'établir, & que pour cet effet il avoit revêtue des marques éclatantes de fa Divinité. Une juftice qu'on doit au chriftianifme, c'eſt que dans toutes les féditions qui ont ébranlé l'Empire Romain, il ne s'eſt trouvé aucun de ſes enfans complice des conjurations formées contre la vie des empereurs. Lorſqu'il eſt devenu la Religion nationale, il a pu réclamer les loix coactives des Céſars, non pour priver l'homme d'une liberté que Dieu lui laiſſe, mais pour réprimer les payens & les hérétiques qui exciterent des troubles & des féditions. Reſpecter les droits de la conſcience dans ceux-mêmes qu'on eſt obligé de punir comme féditieux, eſt une maxime à laquelle Bayle n'a jamais prouvé que le chriſtianiſme ait donné atteinte. Tout ſon commentaire philoſophique n'eſt qu'une vaine déclamation qui ne va point au but qu'il s'étoit propoſé, parce qu'il ſuppoſe toujours que les hérétiques ont été perſécutés préciſément pour leurs opinions, & non pour leurs révoltes. Mais de ſavoir juſqu'à quel point on doit tolérer les hérétiques dans un état, c'eſt une queſtion qui doit être décidée, non par la religion, mais par la politique. Si les empereurs chrétiens exercerent leur empire, en forçant les hérétiques à s'exiler eux-mêmes des provinces qu'ils habitoient, ils dûrent s'en prendre à leur politique, dont les démarches ne furent pas réglées par la ſageſſe.

Notre grand Henri fut bien inſpiré, quand il permit aux proteſtans, qui lui avoient frayé le chemin au trône où ſa naiſſance l'appelloit, l'exercice libre de leur religion, parce que cela fait partie du droit

droit des gens : mais sa politique fut trompée, en ce que les non-conformistes partagerent les places & les honneurs de ceux qui suivoient la religion nationale. En Angleterre les catholiques ne peuvent parvenir aux emplois, ils paient même double taxe ; mais ils jouissent d'ailleurs de tous les droits de citoyens. Il en est de même dans la Hollande & dans tous les pays du Nord. Si le gouvernement rappelle jamais les protestans en France, il ne le fera pas en rétablissant l'Édit de Nantes, parce que dans un état bien constitué il faut que le gouvernement adopte une religion pour laquelle il aura des prédilections, qui suffiroient pour faire naître la guerre, s'il n'avoit assez de force pour contenir celles qu'il tolere. Comme les incrédules exigent une tolérance sans bornes pour toutes les religions, ils ont établi conséquemment que les souverains & les dépositaires de leur autorité ne doivent être attachés à aucun dogme, à aucune secte, & à aucun culte religieux, c'est-à-dire, qu'ils doivent être athées. Telle est la doctrine que, sous le nom de *Tolérantisme*, ils travaillent à répandre. C'est là leur cri de ralliement.

Quand on est maître, dit Montesquieu, de recevoir dans un état une nouvelle religion, ou de ne pas la recevoir, il ne faut pas l'y établir ; quand elle y est établie, il faut la tolérer : selon cette maxime, il a fallu tolérer en France le protestantisme, puisqu'il s'y étoit établi par la fermentation des esprits. Sous quelles conditions doit-il y être toléré ? c'est à la politique, & non à la religion à les prescrire. Ainsi nulle objection à faire ici contre le christianisme.

Autre maxime tirée de l'*Esprit des Loix* : Un prince qui entreprend dans son état de détruire, ou de changer la religion dominante, s'expose beaucoup, parce qu'il risque de voir arriver une révolution, d'autant qu'un état ne change pas de religion, de mœurs & de manieres dans un instant, & aussi vîte que le prince publie l'ordonnance qui établit une religion nouvelle. De plus, la religion ancienne est liée avec la constitution de l'état, & la nouvelle n'y tient point : celle-là s'accorde avec le climat, & souvent la nouvelle s'y refuse. Il y a plus ; les citoyens se dégoûtent de leurs loix, ils prennent du mépris pour le gouvernement déja établi ; on substitue des soupçons contre les deux religions à une ferme croyance pour une ; en un mot, on donne à l'état, au moins pour quelque tems, & de mauvais citoyens, & de mauvais fideles.

Comme cette maxime pourroit être tournée contre le christianisme, il y a une exception en sa faveur, d'autant qu'il est l'ouvrage de *Dieu*, & que s'alliant avec les meilleures loix politiques & civiles, il n'est étranger à la constitution d'aucun état. D'ailleurs, si on lui fermoit l'entrée quelque part, il sauroit bientôt franchir tous les obstacles que les puissances lui opposeroient. » Lisez, dit Montes-

» quieu, l'histoire de l'église, & vous verrez les
» prodiges de la religion chrétienne: a-t-elle résolu
» d'entrer dans un pays, elle fait s'en faire ouvrir
» les portes; tous les instrumens sont bons pour
» cela; quelquefois Dieu veut se servir de quel-
» ques pêcheurs; quelquefois il va prendre sur le
» trône un empereur, & fait plier sa tête sous le
» joug de l'évangile. La religion chrétienne se ca-
» che-t-elle dans des lieux souterrains? attendez
» un moment, & vous verrez la majesté impériale
» parler pour elle. Elle traverse quand elle veut
» les mers, les rivieres & les montagnes; ce ne
» sont pas les obstacles d'ici-bas qui l'empêchent
» d'aller; mettez de la répugnance dans les esprits,
» elle saura vaincre ces répugnances; établissez des
» coutumes, formez des usages, publiez des édits;
» faites des loix, elle triomphera du climat, des
» loix qui en résultent & des législateurs qui les
» auront faites. Dieu, suivant des décrets que nous
» ne connoissons point, étend ou resserre les limites
» de sa religion «.

## Onzieme Époque.

### Le milieu du XVII<sup>e</sup>. Siecle.

Tableau du christianisme depuis la réforme jusqu'au milieu du siecle présent.

Le déisme sort trop naturellement des entrailles
du protestantisme, pour qu'il n'ait pas dû paroître
à sa suite comme l'effet qui découle de sa cause. Les

novateurs en frappant sur la tradition des dogmes, frapperent du même coup sur la tradition des faits: celle-ci une fois renversée, le christianisme fondé sur des faits perdoit toute sa consistance. La certitude morale ou historique ébranlée jusques dans ses fondemens, ébranla à son tour la certitude physique dans les siens. Quand on est parvenu là, il ne reste plus qu'un pas à faire pour obscurcir les principes métaphysiques sur lesquels portent nos raisonnemens. Voilà où le mépris de l'autorité conduisit les esprits. On les a vu depuis tombans de ruines en ruines & de sectes en sectes, rouler jusqu'au fond de l'athéisme, ou chercher un funeste repos dans l'indifférence des religions.

Luther avoit commencé à dogmatiser en 1517, Calvin en 1532, Lelio Socin & Gentilis vers 1550. Près de ces dates, je veux dire, en 1563, parurent les premiers déistes, armés des mêmes argumens que les deux patriarches de la réforme avoient tournés contre l'autorité de l'église. Mais le germe du déisme ne se développa bien qu'au commencement du dix-septieme siecle. C'est en Angleterre que cette mine a été le plus travaillée. Le Lord Herbert de Cherbury publia en 1624 son livre *de veritate*; il est le premier auteur Anglois qui ait réduit le déisme en système. La breche une fois faite, ouvrit la porte à toutes les erreurs où se sont précipités Toland, Asgil, Blount, Shatesbury, Tindal, Morgan, Chubb, Collins, Wolston, Bolinbrocke,

Hume. C'est en partant de la réforme qu'ils sont tous arrivés, les uns au déisme, les autres à l'athéisme, d'autres à un phyrronisme parfait, c'està-dire, à une indifférence totale pour toutes les religions.

Qui n'eût cru que les dernieres héréfies, nées au fein du fanatisme, après avoir ébranlé les fondemens de la hiérarchie Romaine, alloient elles-mêmes devenir étrangeres au christianisme, ou du moins n'y plus tenir que par quelques foibles fibres ? mais Dieu qui veille sur sa religion, a mis un frein aux erreurs ; & la plupart des mysteres ont été respectés par la plus saine partie des protestans. En Angleterre où regne la liberté de penser, l'impiété y a toujours été châtiée par des écrivains savans qui ont aiguisé leurs plumes contre elle. Il en est de même en Allemagne & en Hollande, où d'excellens ouvrages ont été composés en partie par cet essaim d'auteurs François, qui sont allés porter chez ces nations le goût des lettres ?

La résurrection des sciences en Occident est due en partie aux combats que les catholiques & les protestans se sont livrés. Le besoin mutuel de se défendre & de se justifier en fut un de s'instruire. De part & d'autre on voulut avoir pour soi l'écriture, & on l'étudia ; mettre la tradition de son parti, & l'on y fit des recherches immenses, la science critique fut portée au plus haut degré de pénétration & de sagacité. » L'objet des études de religion in-

» téresse plus vivement qu'aucun autre par sa liai-
» son avec le premier, le plus respectable des êtres.
» On veut avoir raison ; & quand le voudroit-on,
» si ce n'est dans des questions qu'on lie avec le
» salut éternel ? à propos d'une sottise, l'esprit
» s'exerce & se porte à de bonnes études. On re-
» monte aux sources primitives, on étudie l'his-
» toire, les langues anciennes ; la critique naît,
» on prend un goût solide ; bientôt le sujet qui
» échauffoit les esprits, tombe dans l'oubli, les
» livres de controverse passent, l'érudition reste.
» Les matieres de religion ressemblent à ces par-
» ties acides & volatiles, qui existent dans tous les
» corps propres à la fermentation. Elles troublent
» d'abord la limpidité de la liqueur, mais elles
» mettent bientôt en action toute la masse, dans le
» mouvement elles se dissipent & se précipitent. Le
» moment de la dépuration arrive, & il surnage
» un fluide doux, agréable & vigoureux qui sert
» à la nutrition de l'homme «. ( Histoire des établissemens des Européens dans les deux Indes, tome
3, liv. 8 ).

Ce moment étoit arrivé, lorsque les Pascal, les Bossuet, les Fénelon & les écrivains de Port-Royal parurent. La vérité si long-temps obscurcie par les passions, commença à surnager sur une infinité d'erreurs que l'hérésie avoit accumulées. Il en sera de même des querelles qu'excitent aujourd'hui les philosophes anti-chrétiens. Les erreurs qu'*ils* se plaisent à rajeunir, ne paroîtront pas plutôt avec leurs rides, qu'elles disparoîtront avec le charme de la nouveauté.

L'imprimerie qui mit en lumiere les chef-d'œuvres que les anciens avoient laissés dans presque tous les genres, avoit préparé le dix-septieme siecle. Ce fut une sorte de création que leur apparition subite ; l'étude des langues & de l'histoire fut la premiere à laquelle on se livra : On crut d'abord n'avoir qu'à lire pour devenir savant : ce fut là le temps de l'érudition ; celui de l'esprit n'étoit pas encore arrivé, & moins encore celui de la philosophie ; mais dans l'ordre naturel des choses ils devoient se suivre nécessairement. Les érudits, en tirant de la mine les richesses des anciens, si long-tems enfouies, préparerent insensiblement les esprits aux belles-lettres ; de l'admiration pour les beautés des anciens, qu'on apprécia d'autant mieux qu'on s'appliqua à les connoître de plus en plus, on passa à leur imitation. Mais cette imitation n'étant d'abord que servile, elle en porta l'empreinte dans tout ce qu'elle produisit. Cette barbarie régna jusqu'au temps où les gens de lettres penserent à perfectionner les langues vulgaires. Les efforts réunis de tant d'esprits échauffés d'une noble émulation, eurent bientôt porté les langues modernes à ce point de perfection, où, quoique inférieures aux anciennes pour le méchanisme de l'harmonie & des mouvemens, elles ont osé néanmoins lutter contre elles ;

H iv

jusqu'à faire douter qui l'emporte des anciens ou des modernes, pour l'éloquence & la poésie.

A la tête des restaurateurs de la philosophie, on peut placer l'immortel chancelier Bacon, qui sembla deviner ce qu'elle pouvoit devenir un jour, si l'on venoit à perfectionner l'instrument de la raison, en la soumettant à une méthode judicieuse. Il pressentit le goût du public, par son ouvrage de la dignité & de l'accroissement des connoissances humaines. Il falloit commencer par dissiper l'atmosphere de préjugés & d'erreurs, qui empêchoit la lumiere d'arriver jusqu'à l'ame dans toute sa pureté; il falloit rejeter comme faux & incertains tous les jugemens qu'on avoit portés, & soumettre à un rigoureux examen les axiomes mêmes & les notions communes; il falloit enfin creuser dans les abîmes du doute, y chercher un terrain solide, pour asseoir les fondemens de la certitude, & pour élever sur eux l'édifice des sciences jusqu'à son faîte. Mais le doute dont il fit la base de sa méthode, étoit bien différent de l'acatalepsie des anciens. Nos sens & l'expérience furent les deux instrumens avec lesquels il entreprit de refondre la philosophie. De ces premieres vues sortit naturellement son magnifique plan, qui marque si bien l'étendue & les bornes de l'esprit humain, & qui réduit les sciences & les beaux-arts à l'histoire, à la poésie & à *la philosophie*. Ce plan étoit dans un trop grand éloignement de ses contemporains, pour qu'ils pussent en appercevoir la beauté, & sentir la nécessité de le suivre. Il étoit réservé aux encyclopédistes d'en connoître tout le prix, de faire passer à leur siecle l'enthousiasme dont il les avoit remplis, d'inspirer pour Bacon toute l'estime qu'il mérite, tant par ses vues saines & étendues sur une multitude d'objets, que par la hardiesse de son style, qui réunit quelquefois les plus sublimes images avec la précision la plus rigoureuse.

Bacon avoit donné en Angleterre le systême encyclopédique des sciences actuelles & possibles, lorsque Descartes parut en France, pour donner une nouvelle secousse aux esprits. Par sa hardiesse & par l'ascendant de son génie, il terrassa le pédantisme, qui avoit immolé Ramus, & fait trembler Gassendi au milieu de ses succès contre la secte d'Aristote. Elle étoit, pour ainsi dire, inexpugnable parmi cette multitude de mots barbares & vuides de sens, que l'esprit de subtilité avoit imaginés pour tenir lieu de science. Il s'appliqua sur-tout à purger la terre de deux monstres sourds & aveugles, le *préjugé* & la *prévention*, qui depuis deux mille ans fermoient aux hommes les avenues de la vérité. Il fit rougir les hommes d'en avoir si long-tems porté les chaînes; & s'il n'a pas toujours été assez heureux pour trouver la vérité, qu'il idolâtroit, parce qu'au sortir des ténebres, on est comme ébloui de la lumiere, dont on ne peut encore foutenir l'éclat, au moins il mérita beaucoup d'elle, en communiquant fon efprit à fes contemporains, & en leur donnant fon exemple pour fecouer le joug de l'opinion & de l'autorité.

Bacon, en apprenant aux hommes que les faits font les degrés par lefquels le philofophe doit s'élever à des principes généraux, donna une meilleure méthode que Defcartes, qui leur confeilloit de defcendre aux faits par l'échelle du raifonnement. Lui-même leur en avoit donné l'exemple, en parcourant les fciences fur les aîles de la fpéculation. Newton, en préférant l'analyfe à la fynthefe, eut fur Defcartes le même avantage qu'eut Locke fur Mallebranche.

Bacon & Defcartes ouvrirent donc aux philofophes deux carrieres abfolument différentes, la voie des obfervations, qui s'éleve des faits aux principes, & celle de l'abftraction, qui defcend des principes aux faits. Ces deux philofophes, qui, jufque dans leur doute, refpecterent l'exiftence d'une intelligence fuprême qui a créé le monde, & la divinité de la révélation, ne s'attendoient pas à l'abus que devoient bientôt faire de leurs principes, deux hommes fameux par la hardieffe de leurs fentimens, Hobbes & Spinofa; le premier, en fuivant la méthode de Bacon, & le fecond celle de Defcartes. Ils formerent, chacun à fa maniere, deux fyftêmes de fatalifme très-différens, & beaucoup plus féduifans que tous ceux des philofophes précédens. Mais fi Bacon & Defcartes ont à rougir d'avoir eu des difciples qui les ont fi mal interprétés, ils ont à fe glorifier d'en avoir eu deux autres dignes d'eux, dans Locke & Mallebranche.

Les lumieres dont ces grands hommes ont éclairé nos efprits, doivent nous faire fentir de quelle utilité les vérités philofophiques ont été aux vérités révélées. Qui ne fait que le fyftême de l'Univers, démontré par Newton, fournit une des plus grandes preuves de l'exiftence de Dieu? Leibnitz dans fa *Théodicée*, & Mallebranche dans fon *Traité de la nature & de la grace*, ont été les deux hérauts de la providence. Pafcal dans fes Penfées, monumens de la hauteur de fon génie, a élevé la religion fur la grandeur & la mifere de l'homme. Toutes les découvertes dont s'enrichit l'hiftoire de la nature, tournent au profit de la religion, en ce fens qu'elles raffermiffent & même qu'elles agrandiffent l'idée de Dieu dans l'efprit & dans le cœur de l'homme. En effet, felon la belle obfervation de M. de Buffon, « Entre les vérités qu'il nous a révélées & celles » qu'il nous a permis de découvrir, il n'y a » d'autre différence que celle d'une premiere » faveur, faite gratuitement, à une feconde grace » qu'il a voulu différer à nous faire mériter par » nos travaux. Une vérité nouvelle eft une efpece

» de miracle, l'effet en est le même, & elle ne
» diffère du vrai miracle, qu'en ce que celui-ci
» est un coup d'éclat que Dieu frappe immédia-
» tement & rarement ; au-lieu qu'il se sert de
» l'homme pour découvrir & manifester les mer-
» veilles dont il a rempli le sein de la nature ;
» & que, comme ces merveilles s'operent à tout
» instant, qu'elles sont exposées de tout temps &
» pour tous les temps à sa contemplation, Dieu
» le rappelle incessamment à lui, non-seulement
» par le spectacle actuel, mais encore par le
» développement successif de ses œuvres ». (T. I$^{er}$.
Époques de la nature). Le renouvellement des
sciences qui caractérise le 17$^e$. siecle, peut donc
être compté parmi les prospérités de la cité
sainte.

## Douzieme Époque.

### Le milieu du XVIII$^e$. Siecle.

Révolution faite dans les esprits par rapport à la Religion.

Soit que les meilleures choses soient près de l'abus, soit qu'il y ait une révolution fatale dans les esprits, la raison poussée hors de ses limites, attaque aujourd'hui, sous le nom de philosophie, les vérités les plus importantes. On nous les donne pour un ramas de bagatelles sacrées, dont on a long-temps amusé la superstition des hommes, & dont l'esprit philosophique commence à les désabuser. Depuis le dernier article de foi jusqu'à l'existence de Dieu, tout est mis au nombre des vaines subtilités. On a banni Dieu du monde, pour y faire régner la nature qui n'est elle-même que le monde. La barbarie qui a suivi les beaux siecles de la littérature, n'a rien d'aussi étonnant, que le passage des esprits éclairés par toutes les sciences, aux erreurs monstrueuses qu'ils ont adoptées sur la Religion. On a fait changer aux mots le sens qu'on leur avoit attaché. L'homme vraiment religieux n'est pas celui qui charge son esprit de mille croyances qu'on lui donne pour révélées, mais l'honnête homme, quelle que soit sa maniere de penser. Que dis-je? l'adorateur de la nature, traite d'impies ceux qui croient en Dieu.

A quoi devons-nous attribuer cette explosion subite d'incrédules de toute espece, dont la France se trouve inondée depuis le milieu de ce siecle? Au même genre de corruption qui avoit affoibli la croyance religieuse du paganisme. Tel étoit l'état de Rome, lorsque Juvenal écrivoit que personne ne croyoit ni les Dieux, ni les enfers. Les mêmes causes qui ont éteint les religions humaines, ont porté de nos jours atteinte au christianisme, obscurci dans plusieurs esprits la divinité de son origine, terni la beauté de ses principes, & jetté les hommes dans le scepticisme sur la vérité de ses dogmes, &

sur la nécessité de sa morale pour le bonheur du genre-humain.

Ce que Rome fut autrefois dans le déclin de la République, Paris l'est aujourd'hui : oui Paris, le centre de toutes les corruptions & de tous les vices, l'égout de toutes les ordures & de toutes les infamies. C'est là qu'une philosophie nouvelle a fixé son siége; & c'est de là qu'elle envoie ses trompeuses leçons par-tout où s'étend la littérature Françoise. Différentes classes de philosophes combattent sous sa banniere. Les uns sont physiciens, & les autres métaphysiciens; les uns politiques, & les autres historiens; ceux-ci moralistes, & ceux-là théologiens. Enfin ce qui couronne toutes ces sectes, sont les sceptiques, qui se sont retirés dans les obscures, mais tranquilles retraites de la philosophie, d'où ils contemplent les combats que se livrent toutes les superstitions. Mais quels qu'ils soient, ils s'accordent tous à détester le christianisme, & travaillent de concert à sa destruction, chacun, selon le personnage qu'il a pris.

Par quelle étrange fatalité est-il arrivé que dans le sein des lumieres philosophiques toute religion soit éteinte? O philosophie! ô sagesse! quel crime poursuis-tu dans ceux que nous avions cru tes disciples chéris? Ton divin flambeau s'est éteint pour eux. Il semble que tu aies répandu sur eux un esprit de vertige, & que, pour empêcher que l'erreur ne

*avec la Religion.* 127

se propage, tu les aies livrés au délire le plus évident. Des discours vagues, ténébreux, sans liaison, sans idées : voilà ce qui caractérise leurs productions impies. Qu'on ne nous vante point les talens du génie, les lumieres de ceux qui donnent le ton parmi les modernes philosophes. Les anciens écrivains de la Grece & de Rome, dont nous admirons encore aujourd'hui les ouvrages, étoient eux-mêmes d'étranges raisonneurs, lorsqu'ils appliquoient leur esprit à la religion. Devons-nous donc être surpris de voir sortir des mêmes mains qui profanent la religion, des ouvrages estimables sur des parties qui lui sont absolument étrangeres?

Les incrédules philosophes jouent le rôle des anciens payens, qui dans Rome mourante imputoient aux chrétiens les malheurs de l'empire. Saint Augustin, Paul Orose & Salvien, qui répondirent à Symmaque plaidant la cause des idoles, réfuterent avec force les calomnies dont il chargeoit la nouvelle religion. Les mêmes attaques se renouvellant aujourd'hui, c'est à nous de prendre ici la place des anciens apologistes du christianisme, pour le venger des insultes de la moderne philosophie, ainsi qu'il fut autrefois défendu contre les attaques du paganisme. Ce qui fait ici sa gloire, c'est qu'il n'y a point de systêmes si absurdes, où ne soient tombés ses détracteurs pour le combattre ; & que ceux qui paroissent encore conserver quelques principes, les oublient pour se joindre aux athées qui leur prêtent main forte dans le grand procès qu'ils ont avec les chrétiens. Ils font tous cause commune ; & peu leur importe qu'ils soient discordans dans leurs opinions, ils n'en seront pas moins philosophes, s'ils peuvent décrier leurs ennemis.

Les auteurs du *Système de la nature*, du *Système de la raison*, du *Bon sens*, voilà les métaphysiciens d'élite qui figurent dans la moderne philosophie. Si nous leur demandons ce que c'est que Dieu : c'est, nous répondront-ils, un Être existant par lui-même, unique, nécessaire, éternel, universel, infini : mais gardons-nous d'imaginer qu'il soit distinct du monde ; ils nous prouveroient aussi-tôt que les lumieres naturelles de la raison conduisent à n'admettre d'autre Dieu que la nature. Pour dire quelque chose d'intelligible & pour parler un langage humain, ils l'ont personnifiée, ils lui ont attribué des intentions, de la bonté, de l'impartialité, ils lui ont adressé de ferventes prieres, comme on peut le voir dans le système de la nature (\*). Que si nous

---

(\*) Pour concevoir le faux, le ridicule, l'absurde de tout ce que le nouveau Lucrece a dit sur la toute-puissance, l'énergie, l'activité de cette nature qu'il regarde comme le seul principe de tout ce qui existe, il ne faut que mettre la définition à la place du défini. Ce qu'il entend par *Nature*, c'est le résultat de l'assemblage des différentes matieres, de leurs différentes combinaisons, & des différens mouvemens que nous voyons dans l'Univers. Or, un résultat qui combine des soleils, qui est occupé dans son labo-

nous

nous avifions de vouloir démontrer l'exiftence de Dieu par les œuvres de la création, nous ne réuffirions qu'à nous faire dire que nous préconifons, fans nous en appercevoir, notre propre fageffe & nos petites vues. N'allons pas tomber dans le ridicule de recourir à Dieu, fi nous voulons raifonner fur l'origine du monde : ils fauroient bien nous demander fi nous avons épuifé toute la férie des caufes méchaniques & matérielles, & nous dire que ces caufes fatisfont à tout, & n'ont point les inconvéniens de l'autre fyftême, puifqu'alors on raifonne fur des faits, & non fur des conjectures & des

---

ratoire immenfe à faire des générations nouvelles, qui élabore & combine tous les élémens dont l'homme eft compofé, eft affurément quelque chofe de plaifant. En nous préfentant la nature comme un être tantôt pofitif & tantôt abftrait, tantôt actif & tantôt purement paffif, tantôt le principe des chofes & tantôt les chofes mêmes, l'auteur s'eft joué vifiblement de fes lecteurs. C'eft en les promenant dans cet obfcur labyrinthe, qu'il a voulu leur perfuader qu'il étoit un profond fcrutateur de la nature, & qu'elle lui avoit révélé fes fecrets, en lui ouvrant fon fanctuaire, quoiqu'en effet il ne leur apprenne rien qui ne foit par-tout rebattu. Son livre, depuis le commencement jufqu'à la fin, eft un contrefens perpétuel. S'il n'eût fait de la nature un Dieu, en lui tranfportant tous les attributs qui conviennent à l'Etre-Suprême, il auroit été pour lui-même & pour les autres inintelligible. Mais alors cette nature divinifée n'eft plus la nature des athées. En fubftituant à fon nom celui de Dieu, fon livre feroit alors devenu orthodoxe, fauf les conféquences qu'il a tirées, en athée, de fon fyftême.

I

hypothèses. Abstenons-nous sur-tout de leur parler de la spiritualité de Dieu : ils nous répondroient que l'immatérialisme est un athéisme indirect, & qu'on a fait de Dieu un Être spirituel pour n'en rien faire du tout, puisqu'un esprit est un être de raison. Ainsi nous sommes les vrais athées, & nos philosophes spinosistes ne le sont pas. Ils ont heureusement trouvé la solution des problêmes les plus obscurs & les plus compliqués de la métaphysique, dans ces deux principes qui servent de base à leur système, savoir, la corporéité de Dieu, & l'existence éternelle de la matiere. Ces deux points une fois admis, toutes les difficultés disparoissent.

L'origine du mal physique & du mal moral, ce phénomene si difficile à concilier avec les attributs moraux de la divinité, à moins de recourir à l'hypothese de Manès, cesse dès ce moment d'être une question embarrassante, puisqu'alors l'homme n'a plus personne à accuser. Il n'y a ni bien ni mal absolus, & tout est comme il devoit nécessairement être.

On fait de même à quoi s'en tenir sur les questions tant de fois agitées de l'imputation prétendue du péché d'Adam à toute sa postérité, de la providence & de la prescience de Dieu, de la nature & de l'immortalité de l'ame, &c. L'homme n'a plus à se plaindre de son existence; il sait qu'il est le résultat déterminé & infaillible d'un méchanisme secret & universel.

## avec la Religion.

A l'égard de la liberté & des événemens heureux ou malheureux qu'on éprouve pendant la vie, il voit que tout étant lié dans la nature, il n'y a rien de contingent dans les déterminations de nos volontés ; mais que toutes les actions des êtres sensibles ont leur principe dans un enchaînement immuable, & une coordonation fatale de causes & d'effets nécessaires. Il faut l'avouer, ce seroit-là une excellente maniere de couper le nœud des difficultés, que de se débarrasser ainsi de l'existence de Dieu, si de ce nœud coupé il n'en renaissoit pas plusieurs autres, qui causent des difficultés encore beaucoup plus grandes. Passons aux physiciens, qui marchent de bien près sur la ligne des métaphysiciens, depuis que, ne voulant plus s'en tenir à Moyse, ils ont voulu bâtir eux-mêmes l'univers.

L'empire de la religion, révéré depuis plusieurs siecles, est fondé sur une longue succession de faits & d'événemens, que l'on doit regarder comme les places fortes de la vérité. Ce n'est que depuis peu que nos ennemis ont osé s'approcher de ces remparts qu'ils avoient toujours redoutés. Pour en faire le siége, il falloit des munitions & des armes particulieres ; mais tout cela leur manquoit. Leurs attaques ne consistoient qu'en satyres & plaisanteries, qu'en pressentimens & raisonnemens métaphysiques : mais sentant que tout cela ne prenoit point sur les esprits que captivoit la religion, ils ont eu recours aux loix de la physique, qu'ils ont opposées comme

des armes puissantes à la révélation. » Ce sont ces
» loix, dit le Provincial Physicien des *Helviennes*
» *ou Lettres Provinciales Philosophiques*, qu'ils affec-
» tent d'invoquer contre Moyse. Ils nous font
» des histoires physiques du soleil, des histoires
» physiques de la terre, des histoires physiques
» des montagnes; & toutes ces histoires ne sont
» que des systêmes anti-mosaïques, anti-reli-
» gieux. Ils n'entassent point, comme les géans,
» montagnes sur montagnes, pour escalader les
» cieux, & pour détrôner Jupiter; mais ils entassent
» siecles sur siecles pour la formation d'une seule
» montagne, & pour détrôner le Dieu qui dans six
» jours créa le soleil, la terre & les montagnes. A
» l'ombre de leurs hypotheses, plusieurs ont travaillé
» à nous faire absolument rejetter la création. »

Qui ne seroit, en effet, porté à regarder l'Univers comme l'empire de la nécessité, du Destin, le plus triste des Dieux, quand on voit qu'il a fallu des siecles & des siecles, pour que le mouvement fît naître les cieux, la terre, l'océan, & pour qu'il produisît la lumiere, les plantes, les animaux ? Si l'architecte est l'Etre suprême, on ne conçoit pas alors comment *il* a fallu attendre des milliers de siecles avant que l'Univers eût reçu sa perfection. Tant de lenteur dans les opérations du dieu de nos systématiques semble obscurcir sa toute-puissance. Pareil au foible artiste, dont l'ouvrage dépend des moyens & des tems, invoquera-t-il à son tour l'action des élémens, pour consommer ses opérations ? Ce n'est point là l'idée majestueuse qu'on aime à se former de la Divinité. Si le Dieu de Moyse n'a consommé qu'en six jours l'ouvrage de la création, c'est qu'il a voulu montrer qu'il n'agit pas avec une nécessité & par une impétuosité aveugle, comme se le sont imaginé quelques philosophes. Ses opérations n'ont été divisées que pour multiplier les merveilles, & pour en mettre la contemplation à la portée, & des Anges spectateurs de la création, & de l'homme qui en a été l'objet. Mais quand il parle, l'effet suit son vouloir. Il dit que la lumiere se fasse, & la lumiere est faite. Ce n'est pas là le Dieu des systêmes. Qu'il paroît petit dans leurs leçons ! que ses moyens sont foibles ! que ses opérations sont lentes ! Mais si la nature sans l'homme est muette ; si la fin de tout ce qui l'embellit est ignorée ; si le centre qui doit tout réunir, laisse par son absence le désordre & l'indépendance dans les êtres : pense t-on que Dieu ait dû priver des tems infinis l'Univers de son prêtre, de son Pontife, de son interprete ? Que faisoient en son absence dans le monde tous les êtres corporels, absolument insensibles au culte, & incapables de lui en rendre aucun ?

Que les systématiques s'exercent à leur gré sur le fait de la création, pourvu qu'ils l'admettent tel qu'il est rapporté par l'historien sacré, & qu'ils ne le dénaturent point en faisant violence au texte. On pourroit croire que ceux qui ne pouvant concilier les fyftêmes avec l'écriture, les admettent néanmoins, fimulent pour Moyfe un refpect qu'ils n'ont pas.

A Dieu ne plaife que j'en faffe le reproche au Pline de notre fiecle: mais il eft fâcheux que les fanatiques qui abandonnent Moyfe, fe prévalent des *fept époques de la nature* qui ont paru fous fon nom. Après avoir réfuté les Théories de la terre de Burnet, de Whifton, de Woodward, comment lui eft-il arrivé de leur en fubftituer une de fa façon, fondée fur des fuppofitions arbitraires, qu'il nomme lui-même des romans philofophiques? Croyons en ce grand Ecrivain, quand il eft l'hiftorien de la nature; mais n'ajoutons point foi à ce qu'il nous dit comme fyftématique. La nature ne lui a certainement révélé rien de ce qu'il a écrit dans fes fept époques. Et comment l'auroit-elle fait pour des temps où elle n'exiftoit pas encore?

La phyfique a découvert plufieurs erreurs dans ce fyftême. Telles font l'idée de cinq cents cometes produites par l'explofion d'une étoile; celle de l'attraction comparée au frottement, regardé comme un foyer de lumiere; celle des montagnes calcaires, effet fingulier de la digeftion des huitres; celle de Jupiter tournant plus vîte que la terre, parce qu'il a été frappé plus obliquement par la comete; celle d'une chaleur centrale du globe qu'on suppose beaucoup plus grande que celle qui vient du soleil, & qui ira toujours en diminuant, jusqu'à ce que le globe meure par le froid, &c. &c. &c.

Mais la théologie a bien d'autres reproches à faire à M. de Buffon. L'historien de la nature avoit devant les yeux les paroles de l'historien sacré, quand il écrivoit ses sept époques de la nature. Comment a-t-il pu imaginer qu'il ne falloit pas moins de six cents siecles, pour faire un palais digne de l'homme? On sera sans doute surpris qu'après avoir recueilli avec soin les rayons divins de la foi sur le grand événement de la création, M. de Buffon leur ait ensuite préféré les trompeuses leçons de la philosophie sur l'origine de l'homme. Après en avoir parlé si dignement en copiant les livres sacrés, on est désorienté, quand il vient à nous montrer les premiers hommes, témoins des mouvemens convulsifs de la terre, n'ayant que les montagnes pour asyle contre les inondations; chassés souvent de ces mêmes asyles par le feu des volcans; tremblans sur une terre qui trembloit sous leurs pas; exposés aux injures de tous les élémens, & victimes de la fureur des animaux. Est-ce bien-là l'homme qu'il nous peint ailleurs prenant possession de la terre, devenue son domaine par les travaux de sa culture? Des erreurs physiques si mal combinées, & des contraditions si frappantes ne devoient pas couler d'une plume aussi éloquente.

Si les philosophes systématiques avoient fait attention que la physique ne connut jamais de loix pour la création & la formation de l'Univers, mais seulement pour sa conservation dans l'état où il se trouve, ils auroient compris qu'elle doit commencer là où finit Moyse, & ils se seroient épargné tous ces systêmes qui font la honte de l'esprit humain.

L'état d'imperfection où nous avons trouvé l'astronomie chez les Indiens, les *Chinois*, les Chaldéens, les Egyptiens, a fait conjecturer à M. Bailly qu'elle leur étoit venue des débris des connoissances perfectionnées par un peuple antérieur. Mais quel est ce peuple? Selon lui, ce sont les Atlantes, qu'il fait venir du nord pour éclairer le midi. Il ne reste plus qu'à savoir comment il coupera le nœud de la difficulté, dont il doit sentir tout le poids, s'il veut concilier son systême avec l'histoire de Moyse.

Voyons si nous aurons plus à nous louer des moralistes que des physiciens.

Vers le milieu de ce siecle, on a vu, non sans étonnement, l'athéisme se parer d'une morale pure, l'opposer à celle du christianisme, & se donner, en fait de mœurs, pour meilleur instituteur que cette religion même. Ne voyant aucune ressource à attaquer sa morale du côté de la perfection, il se retranche à dire que c'est cette perfection même qui la rend nuisible aux états; il distille son fiel contre le célibat, qu'elle conseille à un certain ordre de personnes, pour une plus grande perfection; il ne peut lui pardonner son juste courroux contre le luxe; il ose même condamner en elle cet esprit de douceur & de modération, qui commande le pardon des injures & l'amour même des ennemis; il ne craint pas de la flétrir, en opposant à l'esprit d'intolérance qui la caractérise, la tolérance, qui étoit autrefois l'ame du paganisme, & qui est aujourd'hui l'indifférence des religions; il va enfin jusqu'à lui reprocher d'être nuisible au progrès des sciences & des arts, comme s'il falloit les chercher ailleurs que dans son sein. Il nous sera plus aisé de justifier la religion chrétienne sur tous ces articles, en la faisant connoître telle qu'elle est à ses détracteurs, qu'il ne le sera pour eux de donner quelque couleur à l'athéisme, en palliant ses défauts. Comme il a passé de la classe des philosophes aux différentes classes du peuple, on conçoit qu'il est devenu d'autant plus dangereux. Ils ont eux-mêmes cassé le ressort qui lui servoit de frein. Le désir de réfuter une accusation qui les rendoit odieux, leur a fait faire les plus grands efforts pour créer des principes de morale indépendans de la religion. Mais y ont-ils réussi? pas plus que les épicuriens, dont la morale fut si fatale aux Grecs & aux Romains.

Les athées, il est vrai, ont très-bien prouvé aux théistes qu'ils étoient d'accord avec eux sur ce qu'il faut nommer *vertu*, parce que le sentiment, l'expérience & la raison en donnent la même idée à tous les hommes. Mais où leur foible se trouve, & où Bayle les a mal défendus, c'est qu'ils ont passé l'éponge sur un motif sans lequel tous les autres ne sont presque rien ; je veux parler de l'existence d'un Dieu vengeur & rémunérateur. Otez à l'homme ce motif, expliquez-moi comment il trouvera assez de courage en soi pour faire de continuels sacrifices à la vertu.

En effet, depuis qu'une nouvelle philosophie a tenté de bannir l'idée de Dieu des esprits, qu'elle a fait de l'homme un être purement passif entre les mains de la fatalité, qu'elle lui a montré le néant pour le terme de ses travaux ; qu'elles actions peut-elle tirer de l'individu pour le bonheur commun de la société ? comment peut-elle lui faire une loi d'une continuelle préférence de l'intérêt public sur l'intérêt privé ? Ce n'est qu'à ce prix qu'on a de la vertu. Or la vertu est pénible, & elle l'est d'autant plus, que le bien-être de celui qui la possede se trouve souvent en collision avec celui de ses semblables. Combien de fois l'homme vertueux doit-il acheter la satisfaction de l'ame au prix de la douleur, & de tout ce que la nature lui a rendu plus cher ! Combien de circonstances où les attraits du beau moral perdent au tribunal d'une froide raison, qui analyse par le calcul ce qu'elle sacrifie de plaisirs sensibles aux plaisirs spirituels! Lorsque la vertu exige le sacrifice de la vie, qu'est-ce que la philosophie donnera en échange d'un bien si précieux ?

Tous les ressorts que les moralistes ont voulu substituer à celui de la religion, peuvent, il est vrai, exciter un certain nombre d'hommes aux grandes & belles actions; mais ils manquent leur effet sur le plus grand nombre, s'ils ne sont renforcés par celui qu'ils ont imprudemment brisé. C'est mal connoître l'état politique des empires, que d'imaginer qu'un aussi grand appui que la religion, qu'une colonne aussi considérable dans l'édifice de la société, puisse être abattue ou ébranlée, sans entraîner avec elle l'édifice, ou le menacer d'une ruine totale.

La politique, qui tient de près à la morale, ne peut être que corrompue, si celle-ci l'est. L'auteur de l'histoire des établissemens des Européens dans les deux Indes, nous en fournit ici un grand exemple. Son fanatisme politique ne lui montrant dans l'Univers aucun gouvernement où l'esclavage n'imprime plus ou moins les fers, il exhorte, en conséquence de cet avilissement de la nature humaine, les sages de la terre, les philosophes des nations, à éclairer leurs freres sur ce qu'ils se doivent à eux-mêmes, & à les faire rougir de ne pas venger leur liberté dans le sang de leurs souverains. Mais ce qui devroit étonner, si les contradictions ne faisoient partie du philosophisme moderne, c'est qu'après avoir avili l'homme, en lui donnant pour mere un limon aride, échauffé des rayons du soleil, il lui suppose tout-à-coup un sentiment originel & profond de sa dignité. Lui-même, fataliste & athée décidé, il s'avise de reconnoître un Dieu créant l'homme libre, quoiqu'il nie par-tout ailleurs, & l'existence de Dieu & la liberté de l'homme.

Rien n'est plus vrai que ce que dit le même écrivain en parlant des nations, qu'une seule extravagance dans les opinions religieuses, suffit pour en faire adopter sans nombre à des esprits une fois déçus. La preuve s'en trouve dans la liberté que donnerent à leurs sectateurs les dernieres héréfies, d'examiner leurs dogmes, & qu'ils étendirent ensuite jusqu'aux loix. Cette liberté gâta tout dans la religion comme dans le gouvernement. Son premier signal chez les nations les a portées à secouer ces deux jougs à la fois. Il est vrai qu'on n'y alla d'abord qu'en tremblant : mais les philosophes venus après, ont ouvert un champ plus vaste à la liberté, en nous délivrant de toutes les autres entraves. Sous les auspices de leur philosophie, nous pouvons rentrer, quand il nous plaira, dans tous les droits de l'animalité pure, dans la liberté originelle, contre laquelle des hommes puiffans n'ont ceffé de former des attentats: liberté de croyance, liberté civile & politique, liberté dans le mariage, dans l'éducation des enfans, dans l'ufage de nos facultés & de notre induftrie, liberté entiere & fans reftriction. Toutes ces libertés font autant de préfens que la philofophie nous a faits, fans doute pour nous dédommager de la liberté humaine & phyfique, qui confifte dans l'exercice de la volonté, dont elle nous a dépouillés, en nous mettant fous l'empire de la fatalité.

Cette maxime, imaginée par nos adverfaires, que l'homme eft né libre & indépendant, a donné lieu au difcours de Rouffeau fur l'inégalité des hommes. Il y foutient que cette inégalité qui vient de la fociété, par cela même n'eft point l'état naturel de l'homme, vu qu'elle détruit cette précieufe égalité que tous les hommes apportent en naiffant. Son état naturel & primitif eft donc d'être fauvage; & tous les pas qu'il a faits pour s'en éloigner, font autant de pas qu'il a faits vers la dégradation de l'efpece, en même tems que l'individu s'eft perfectionné. De-là cette cenfure aigre, cette fatyre mordante de toutes les inftitutions fociales. Si l'homme fe perfectionne, comment la nature humaine fe détériore-t-elle? Il n'a été donné qu'à Rouffeau de le concevoir. Cela n'a pas empêché que fon difcours n'ait été fort applaudi, de ceux mêmes qui doivent tant à la société; tant les hommes sont inexplicables dans leurs opinions!

L'auteur de l'histoire des établissemens des Européens dans les deux Indes, a mieux fait: il a dit le pour & le contre sur la vie des sauvages. Après avoir fait un tableau pathétique de leur misere & de leurs vices, il prétend néanmoins qu'ils sont plus heureux que nous. C'est, dit-il, parce qu'ils sont libres, & nous esclaves; comme s'il y avoit d'autre liberté que le pouvoir de faire ce que les loix commandent, & qu'il pût y en avoir où le fort commande au foible.

La liberté physique & humaine est, après la raison, le caractere distinctif de l'homme: elle est en nous le principe de nos vices & de nos vertus; elle seule nous rend dignes d'éloge & de blâme. Cette liberté, qui nous distingue de la brute, est précisément celle que réprouvent nos adversaires, pour mettre à sa place la liberté civile & la liberté politique. Nous ne naissons point avec ces deux libertés, parce que ce n'est point par un acte de volonté que nous naissons d'un pere & d'une mere, & que nous recevons l'être dans le sein d'une société civile & toute formée. Heureuses entraves, que celles qui nous mettent également sous le pouvoir paternel & sous l'autorité souveraine! Sans ces liens salutaires, nous ne serions rien dans l'ordre moral & civil; nous n'aurions pas plus de droits & de prétentions qu'un animal. Que parle-t-on de *contrat de convention*, de *concession volontaire*, comme si la loi naturelle, la volonté éternelle du Créateur, n'étoit pas un meilleur lien ; comme si cette loi, qui a veillé à notre conservation, avant même que nous fussions nés, ne seroit pas violée par nous, si nous manquions de respect, de reconnoissance, de soumission aux auteurs de notre être ; comme si devant tout à la société civile, qui, par la sainteté des mariages, a pourvu à notre bien-être, avant notre naissance ; qui, par la modération du pouvoir des peres, a suspendu l'abus qu'ils en pouvoient faire; qui, nous mettant sous sa tutelle, nous fait naître avec des droits dont nous jouissons avant l'usage de la raison ; comme si, dis-je, chargés de tant de bienfaits de sa part, nous ne lui fussions débiteurs de rien, & que parvenus à l'âge de réflexion, nous fussions libres de contracter ou de rompre avec elle ?

Comme ce qui touche à l'origine & à la forme des gouvernemens est scabreux, la religion que son influence sur eux oblige à s'en occuper, s'est toujours tenue dans un milieu convenable, également éloignée de l'esprit d'indépendance qui marque un défaut de lumiere & de l'esprit d'esclavage qui affaisse & dégrade l'humanité. Animée d'un autre esprit que nos philosophes réformateurs, elle est bien éloignée de porter les peuples à se révolter contre leurs chefs, parce que l'hiftoire & la politique l'inftruifent affez, qu'à moins d'un concours de circonftances rares, les peuples y perdent plutôt qu'ils n'y gagnent. Moins encore exhortera-t-elle les nations à reprendre cette liberté qui eft aujourd'hui le cri de nos prétendus philofophes, parce qu'elle voit qu'une fociété corrompue n'étant plus une perfonne morale gouvernée par une volonté unique, deviendra un théatre fanglant de diffentions civiles : & comme le droit de faire une chofe ceffe dès le moment qu'on agit contre fon bonheur réel & durable, les nations n'ont aucun droit à la reprife d'une liberté qu'elles ont perdue, dans une circonftance, où n'ayant ni vertu ni fimplicité de mœurs, cette liberté leur feroit infailliblement plus funefte qu'avantageufe.

En pofant cette maxime, que les gouvernemens font néceffaires à la fociété, & qu'il eft impoffible d'en charger des êtres d'une nature fupérieure à la nôtre en fageffe & en bonté, voici le problême que nous donnons à réfoudre : laquelle de la religion ou de la philofophie travaille le mieux au bonheur du genre-humain ; la premiere, en lui apprenant que l'erreur étant l'apanage des *foibles* mortels, il ne doit pas s'attendre fous leur gouvernement au comble de la félicité ; que c'eft ici le cas de Tacite, que l'on doit fupporter les mauvais regnes comme l'on fupporte les années de ftérilité : la feconde, en confeillant à une nation entiere de s'ouvrir

vrir les veines, & de perdre dans sa fureur son sang avec ses forces, pour résister à un souverain, toutes les fois que l'abus du pouvoir lui fait violer ses devoirs envers la société : celle-ci en détruisant toute crainte de la Divinité, le seul frein que ceux qui ne craignent pas les loix humaines puissent avoir, celle-là en faisant intervenir la Divinité entre le souverain & ses sujets ? Je pense qu'un esprit sensé ne balancera jamais entre les sages maximes du christianisme, & les déclamations fanatiques de l'historien des établissemens des Européens dans les deux Indes.

Après avoir prononcé d'un ton de législateur, que la religion fut par-tout une invention d'hommes adroits & politiques, qui ne trouvant pas en eux-mêmes les moyens de gouverner leurs semblables à leur gré, cherchèrent dans le ciel la force qui leur manquoit, & en firent descendre la terreur; on n'est plus surpris de lui entendre dire, qu'une parfaite indifférence sur les religions convient aux gouvernemens, & que sans aucun égard à la diversité des cultes, les talens & les vertus devroient conduire seuls aux places de l'état & aux faveurs des souverains. Cette politique seroit, sans doute, bonne dans le cas où l'on pourroit assoupir dans les esprits tout le zele dont ils s'enflamment naturellement pour la religion qu'ils ont embrassée : mais comme la religion n'est pas encore éteinte au point de n'avoir que des sectateurs indifférens, l'état seroit bientôt mis en combuſtion : ce qui eſt arrivé, il y a deux ans en Angleterre & en Ecoſſe, eſt un grand exemple pour les ſouverains, & une leçon importante pour leur adminiſtration.

Mais où les nouveaux philoſophes ſe ſont ouvert une vaſte carriere, c'eſt dans les champs de l'hiſtoire, qu'ils ont tellement défigurée, qu'on n'y reconnoît plus la vérité : au lieu d'être un flambeau portant la lumiere dans les ſiecles paſſés, ce n'eſt qu'un recueil d'archives de menſonges. Le tableau du genre-humain, la philoſophie de l'hiſtoire, &, puiſqu'il ne faut rien diſſimuler, l'eſſai ſur l'hiſtoire générale, placé parmi les monumens de notre hiſtoire, au même rang que la henriade parmi ceux de notre poéſie, ſont des preuves de ce que j'avance. Ce qui peut être utile dans ce dernier ouvrage, comme la peinture de l'eſprit humain au milieu des ſecouſſes politiques, le réſultat de ſes connoiſſances & de ſes erreurs, de ſes acquiſitions & de ſes pertes, y perd bien de ſon prix, par la partie de la philoſophie qui touche à la religion. On y lit avec peine que le but de l'auteur a été de flétrir le chriſtianiſme, de diminuer la gloire de ſes héros, de faire pencher la balance du côté des payens, des mahométans & des hérétiques, toutes les fois qu'il s'eſt agi de les confronter avec les catholiques.

Cette regle exactement obſervée dans les ouvrages qui ſortent de l'attelier des philoſophes, ſe fait sur-tout remarquer dans le livre intitulé *la félicité publique*. Il semble n'avoir été composé que pour faire toucher au doigt le préjudice que la religion chrétienne y a porté. Jamais piége ne fut plus adroitement tendu ; car s'il en étoit ainsi, l'imposture seroit visiblement marquée sur le front de cette religion, d'autant que celle qui vient de Dieu doit par la vérité de sa doctrine, par la pureté de sa morale, par la sagesse de sa discipline, être utile & contribuer un bonheur des particuliers & des nations. Comme les passions se mêlent à l'ouvrage de Dieu, il est aisé de le rendre comptable de tous les désordres qu'elles traînent à leur suite. Ce champ une fois ouvert à la déclamation, prête beaucoup à ceux qui veulent soutenir le pour & le contre. Nous en avons un exemple dans l'ouvrage ci-dessus cité. L'auteur a trouvé le moyen de remplir deux volumes d'une éloquence fastueuse, sans avoir connu ni l'antiquité, ni l'état actuel des nations, & conséquemment, sans établir un juste parallele entre les nations chrétiennes & les peuples infideles.

Deux hommes que je ne dois pas omettre ici, sont Bayle & Rousseau, qui ont décrié le christianisme, comme nuisible à la prospérité des états. Ce n'est pas là le seul paradoxe que l'auteur d'Emile ait emprunté de ce sceptique dangereux : si Rousseau avoit été moins éloquent, ou plutôt si une raison ferme avoit mis un frein à cette fougue d'imagination qui l'emportoit si loin, toutes ces prétendues contradictions de l'homme naturel & de l'homme civilisé, de patriote & de chrétien auroient disparu, & le concert entre la nature & les institutions sociales lui auroient paru dans l'ordre : mais non, chez cet écrivain, si tout n'est poussé à l'excès, tout lui paroît mal ordonné, & les vertus sont pour lui des vices. Il ne lui semble pas qu'on puisse être citoyen, si l'on n'aime pas la patrie exclusivement à soi, ou que les institutions sociales soient bonnes, si elles ne dénaturent pas l'homme. Il en est de même du christianisme, dont il a tellement outré les préceptes, qu'il ne doit plus paroître étonnant s'il s'ajuste mal avec les intérêts de la société.

Tout a été sagement balancé par la Divinité dans l'ordre naturel & surnaturel, & il seroit bien étrange que l'homme eût été tellement constitué, que toujours en contradiction avec lui-même, il ne pût jamais être homme & citoyen tout ensemble, être bon pour lui & pour les autres; il le seroit également, que les devoirs du chrétien contrariassent ceux du citoyen, tandis que le christianisme nous fait un devoir d'aimer la patrie.

Quoique l'athéisme soit le goût dominant des esprits forts du siecle, toutefois la philosophie compte encore parmi ses sectateurs un petit nombre de ceux qu'elle nomme ses théologiens ou religieux sous le nom de déistes. Tels ont été, par exemple, ces deux écrivains célebres, dont les talens ont fait autant d'honneur à la littérature, qu'ils ont été

## avec la Religion.

nuisibles à la religion. Divisés de leur vivant, la mort semble les avoir réunis : leurs bustes dans Paris marchent ensemble. Nés avec un tour d'esprit différent, ils se sont fait un grand nombre de prosélytes. Rousseau travaillant à égaler par sa prose la poésie de Voltaire, a paru à bien des personnes aussi éloquent dans l'une, que le poëte dans l'autre. La gloire de Rousseau est d'avoir tenu quelque temps l'Europe divisée entre lui & Voltaire. Ce fut l'effet d'un engouement produit par la maniere pittoresque dont il peignit souvent avec des traits de feu, les charmes & les attraits de la vertu dans ses éloquens écrits; mais qui tombe chaque jour de plus en plus, sur-tout depuis ses *confessions*, laissant à Voltaire, une place qu'aucun de ses contemporains n'a pu partager avec lui, si ce n'est Montesquieu & Buffon, espece de triumvirat qui a beaucoup illustré notre siecle. Voltaire possédant au suprême degré, l'art de suppléer à la raison par l'ironie, la plaisanterie, le ridicule & les sarcasmes, eut le malheur de s'en servir contre la religion, & de lui faire une plaie sanglante. Rousseau ne lui fit peut-être pas moins de mal, en polissant & limant par son style, ce que la dialectique de Bayle lui a fourni en raisonnemens. On a jugé en conséquence l'un profond, & l'autre superficiel, quoiqu'avec assez peu de raison.

Voltaire attaché aux grands principes, ne pouvoit que marcher à côté du génie, & s'illustrer par de nouveaux chef-d'œuvres, lorsqu'aveuglé tout-à-coup par le fantôme d'une fausse gloire, il a prêté à des systêmes anti-religieux, ces charmes séducteurs, ce coloris, cette légéreté, ces saillies qui embélissent ses œuvres littéraires. Qu'est-il arrivé? c'est que ce grand fleuve détourné de son cours naturel sur un terrein de sable qui absorba ses eaux, n'a pu se couvrir que de fange, & porter que de foibles roseaux. C'est sur ce terrein aride que sont nées toutes ces productions impies, dont il a rougi plus d'une fois, dont il a fait les désaveux les plus authentiques, & que l'équitable postérité déchirera un jour, pour n'admirer en lui, que ce qu'a fait le génie sous les yeux de la raison.

*Si Dieu n'existoit pas, il faudroit l'inventer.*

Ce beau vers fut une des pensées de la vieillesse de Voltaire, & il est comme un témoignage qu'il fut un des plus constans adorateurs de la Divinité. Mais qu'étoit-elle alors dans son esprit? Un Être assez puissant pour être l'architecte du palais du monde, & qui manque de pouvoir pour en écarter le mal physique & moral; un Être qui ne connoît point de bornes dans sa durée, & qui en connoît dans sa nature; un Être qui a besoin d'être matériel, pour être quelque chose; un Être enfin qui faisant tout en nous, ôte à nos actions leur moralité & raye d'un trait fatal nos vertus & *nos*

*avec la Religion.* 151

vices. Or tel étoit le Dieu que Voltaire adoroit. Voyez le dernier volume des Questions Encyclopédiques, à l'article de Memmius, où cet absurde Dieu est admis comme le Dieu des vrais sages. Il ne parvint à cette espece d'athéisme que pour avoir quitté la voie de la révélation : tant il est vrai que sans elle les dogmes mêmes de la religion naturelle ne peuvent se conserver !

Rousseau doutant de la création, en est lui-même un autre exemple. Si nos ames n'ont pas été créées, elles étoient donc éternelles ainsi que la matiere ; & si elles l'étoient, en quoi différoient-elles de la Divinité ? Voilà ce qu'on lit dans son Émile à l'article où il traite de la religion naturelle, & qui fait partie de la profession de foi du Vicaire Savoyard. Vainement il couvrit son déisme des livrées du christianisme. On reconnut bientôt le disciple de Tindal. Mais ce qu'il y a d'étonnant, c'est qu'il ait prétendu qu'on devoit lui élever une statue, pour avoir élevé lui-même le déisme sur les débris de la foi. Ivre d'orgueil, il se crut assez fort pour faire tomber le christianisme sous les coups de sa plume éloquente. On en peut juger par ce qu'il a écrit lui-même dans sa cinquieme lettre de la Montagne.

» Considérez, dit-il à ses juges, l'état religieux
» de l'Europe au moment où je publiai mon livre,
» & vous verrez qu'il étoit plus que probable
» qu'il seroit par-tout accueilli. La Religion dé-

K iv

» créditée en tout lieu par la philosophie avoit
» perdu son ascendant jusques sur le peuple. Les
» gens d'Eglise obstinés à l'étayer par son côté
» foible, avoient laissé miner tout le reste, & l'édi-
» fice entier portant à faux, étoit prêt à s'écrouler.
» Les controverses avoient cessé, parce qu'elles
» n'intéressoient plus personne, & la paix régnoit
» entre les différens partis, parce que nul ne se
» soucioit plus du sien. Pour ôter les mauvaises
» branches on avoit abattu l'arbre; pour le re-
» planter il falloit n'y laisser que le tronc. Quel
» moment plus heureux pour établir solidement
» la paix universelle, que celui où l'animosité
» des partis suspendue laissoit tout le monde en
» état d'écouter la raison ! A qui pouvoit déplaire
» un ouvrage, où sans blâmer, du moins sans ex-
» clure personne, on faisoit voir qu'au fond tous
» étoient d'accord; que tant de dissentions ne
» s'étoient élevées, que tant de sang n'avoit
» été versé que pour des mal-entendus; que cha-
» cun devoit rester en repos dans son culte, sans
» troubler celui des autres; que par-tout on devoit
» servir Dieu, aimer son prochain, obéir aux
» loix, & qu'en cela seul consistoit l'essence de
» toute bonne religion ? C'étoit établir à la fois
» la liberté philosophique & la piété religieuse;
» c'étoit concilier l'amour de l'ordre & les égards
» pour les préjugés d'autrui; c'étoit sans détruire
» les divers partis les ramener tous au terme com-

» mun de l'humanité & de la raison ; loin d'exciter
» des querelles, c'étoit couper la racine à celles
» qui germent encore, & qui renaîtront infailli-
» blement d'un jour à l'autre, lorsque le zele du
» fanatisme qui n'est qu'assoupi se réveillera : c'étoit
» en un mot, dans ce siecle pacifique par indiffé-
» rence, donner à chacun des raisons très-fortes,
» d'être toujours ce qu'il est maintenant, sans
» savoir pourquoi. Que de maux tout prêts à re-
» naître n'étoient point prévenus si l'on m'eût
» écouté ! Quels inconvéniens étoient attachés à
» cet avantage ! pas un. Pas un. Je défie qu'on
» m'en montre un seul probable & même possible,
» si ce n'est l'impunité des erreurs innocentes &
» l'impuissance des persécuteurs. Hé ! comment
» se peut-il qu'après tant de tristes expériences,
» & dans un siecle si éclairé, les gouvernemens
» n'aient pas encore appris à jetter & briser cette
» arme terrible, qu'on ne peut manier avec tant
» d'adresse qu'elle ne coupe la main qui veut
» s'en servir ? L'Abbé de Saint-Pierre vouloit
» qu'on ôtât les écoles de théologie, & qu'on
» soutînt la Religion. Quel parti prendre, pour
» parvenir sans bruit à ce double objet, qui, bien
» vu, se confond en un ? Le parti que j'avois
» pris ».

En lisant le projet qu'avoit formé Rousseau de réunir tous les hommes dans une même façon de penser sur la Religion, bien qu'ils soient engagés dans des cultes différens, je me suis rappellé aussitôt Ammonius Saccas, un des plus fermes soutiens de l'éclectisme. Cet homme qui fut chrétien en apparence jusqu'à sa mort, avoit conçu le dessein de former un tout des diverses sectes de philosophie avec les diverses religions, ou plutôt d'introduire une nouvelle philosophie, qui fût comme le centre de réunion où tous les philosophes & tous les fondateurs de cultes se verroient, avec une surprise d'admiration, professant la même vérité, qui n'avoit été obscurcie que par quelques légers démêlés, auxquels on pouvoit renoncer, sans nuire au fond des sentimens. Son système avoit encore ceci de nouveau, que ramenant toutes les religions, & même la chrétienne, aux principes communs à tous les philosophes, il soutenoit que c'étoit là la pierre de touche à laquelle il falloit discerner ce qu'il y avoit de vrai dans les religions, & qu'il falloit rejetter au loin tout ce qui s'en écartoit, comme les fables dont les prêtres payens repaissoient la folle crédulité des peuples, & les interprétations des disciples de Jésus-Christ.

En comparant Rousseau à Ammonius, il est aisé de voir qu'il avoit le même fond de sentimens, & que son bel éloge de Jésus-Christ ne tire point à conséquence, puisque des platoniciens modernes ne l'avoient pas moins loué. Après avoir paru si brûlant & si enthousiaste sur la morale pure & élevée dont Jésus-Christ seul a donné des leçons

## avec la Religion.

& l'exemple, & sur la profonde sagesse qui brille dans ses discours, il est étonnant qu'il devienne si froid sur les dogmes qui forment le fond de l'Evangile, & sur lesquels le législateur des chrétiens revient sans cesse, & avec une affectation si marquée, qu'il déclare en termes formels, & à diverses reprises, que si on ne les croit, on ne sera pas sauvé. Ils ont pu lui paroître indifférens, ou même faux; mais il n'a pu se dissimuler qu'ils étoient regardés d'un autre œil par tous ceux qui professent le christianisme, & qu'ils les respectoient comme des vérités divinement révélées. Or a-t-il pu supposer qu'ils demeureroient indifférens & tolérans sur des opinions qui, émanées de Dieu, doivent leur paroître de la derniere importance? Le prosélytisme jaloux de faire connoître & de répandre ce que l'on croit vrai, est un desir naturel à tout homme. Si nous voyons l'intolérance chez les matérialistes, aussi bien que chez les déistes; si l'on se fâche aisément pour un objet que l'on juge très-important; si tout philosophe infatué de ses opinions, ardent & opiniâtre à les soutenir, souffre impatiemment la contradiction; si l'intérêt, selon Helvetius, (& quel intérêt plus vif que celui de l'orgueil?), est toujours un motif caché de persécution; si les pyrrhoniens qui seuls devroient être tolérans, ne le font pas plus que les autres: comment Rousseau, le plus intolérant de tous les hommes, le plus fermement attaché à ses sentimens, a-t-il pu croire que le moment heureux pour établir solidement la paix universelle, étoit arrivé ? Le prétendre, c'étoit supposer que la nature des hommes étoit changée, qu'il n'y avoit plus de mouvement parmi eux, que la société n'étoit plus qu'un composé de corps morts attachés à d'autres corps morts, ainsi qu'on le voit dans les pays où la nature humaine est affaissée sous le joug du despotisme. Ce n'est pas la premiere fois que Rousseau a vu sur le papier les hommes bien différens de ce qu'ils sont en effet.

Quelle idée de s'imaginer que les hommes puissent se passer d'une Religion estimée divine, & que, quand ils l'ont adoptée, ils puissent devenir indifférens pour elle, au point de ne pas travailler à lui faire des prosélytes ! Les philosophes, dit-il, ont triomphé de la Religion chrétienne, l'ont décréditée en tout lieu, & lui ont fait perdre son ascendant jusques sur le peuple. C'est comme s'ils se vantoient d'avoir appris aux hommes à franchir les barrieres, que les loix divines & humaines opposent aux torrens des passions. Hé bien ! accordons leur qu'ils ont fait beaucoup de mal à la Religion. Est-ce donc là pour eux une matiere de triomphe ? Si par ce qui s'est passé nous pouvons conjecturer ce qui doit arriver, leur sort est écrit sur le tombeau de ceux qui les ont précédés. Leurs vains raisonnemens pour abattre le christianisme, sont certainement moins forts que les armes employées par les Empereurs Romains. Vainement il paroissoit abattu dans leurs inscriptions avec autant de pompe que l'étoient les Sarmates défaits. Il s'accroissoit sous le fer & dans le feu, parce qu'il étoit soutenu par une puissance divine. S'il triompha des anciens philosophes, pourquoi succomberoit-il sous les efforts des modernes qui n'en font que les copistes? Et Rousseau lui-même, ne l'est-il pas de Tindal & de Bayle? Qu'a-t-il vu de nouveau? Toujours en contradiction avec lui-même, ce qu'il édifioit d'un côté, il le détruisoit de l'autre. C'est bien de cet écrivain qu'on peut dire qu'il vivoit au jour la journée, tant il est dissemblable de lui-même dans ses idées, qui sont dans un perpétuel conflict les unes avec les autres!

La pente du déisme à l'athéisme est si naturelle, que ceux qui étoient tombés dans le premier, n'ont pas tardé à se précipiter dans le second. En effet, les athées ont tourné avec beaucoup d'art contre les déistes les traits qu'ils avoient lancés contre la révélation. Ceux-ci n'ont eu que deux partis à prendre, ou de se faire chrétiens, ou de devenir athées. Mais comme il est plus difficile de remonter que de descendre, le philosophisme s'est trouvé rempli d'athées qui se sont divisés en deux classes. Les premiers sont ceux qu'on nomme proprement athées; les seconds, pour éviter l'ignominie qui fut de tout temps attachée à ce nom, ont pris celui de sceptiques. Ils sont encore à chercher s'il y a un Dieu. Mais comme dans leur syſtême ils ne doivent jamais le trouver, parce que plus ils ont de ſagacité, plus ils remuent de difficultés dans tous les ſujets qu'ils traitent, on conçoit que toute leur vie s'écoule ſans qu'ils rendent le moindre hommage à la Divinité. Ainſi l'on peut dire d'eux qu'ils ſont ſans Dieu dans ce monde.

Le fort dans lequel ils ſe retranchent, c'eſt que, quelque ſyſtême que l'on embraſſe, on eſt forcé d'admettre des dogmes incompréhenſibles. Or, s'il eſt impoſſible de leur donner un acquieſcement interne, on doit donc demeurer dans un *doute involontaire*. Mais les ſceptiques, de leur aveu, ne doutent point de leur exiſtence, qu'ils n'aient un corps, des ſentimens, des penſées. Il eſt vrai qu'ils nient qu'ils puiſſent expliquer comment cela ſe fait. Il eſt donc pour les ſceptiques des myſteres qu'ils ſont obligés de croire. Mais, s'il en eſt ainſi, comment leur ſcepticiſme peut-il ſe ſoutenir devant l'exiſtence de Dieu ? La certitude qu'a un ſceptique de ſon exiſtence, en qualité d'être ſenſible & penſant, quoiqu'il s'ignore ſoi-même, doit le conduire néceſſairement à celle d'une cauſe ſuprême qui n'en connoît point au-deſſus d'elle, malgré les obſcurités qui lui en dérobent l'eſſence ; ou s'il refuſe de s'en tenir à cette cauſe, qui eſt Dieu même, il eſt forcé d'admettre un progrès de cauſes à l'infini, c'eſt-à-dire, de ne reconnoître dans le monde que des effets ſans cauſe. Quelque parti qu'il prenne, il faut qu'il opte entre ces deux myſteres, dont l'un eſt auſſi abſurde & extravagant, que l'autre eſt ſenſé & raiſonnable. Demeurer alors dans ſon doute, qu'eſt-ce autre choſe que de ſe repoſer dans l'athéiſme?

Le ſceptique Montagne dit quelque part, que l'ignorance & l'incurioſité ſont deux oreillers bien doux. Mais pour qui? Pour ceux qui veulent ſe tenir à l'abri des craintes & des devoirs d'une religion. Mais comment les ſceptiques peuvent-ils s'en faire des oreillers commodes, eux qui ſe vantent d'avoir fait un examen profond & déſintéreſſé, & d'avoir compté & peſé les raiſons? L'incurioſité engage-t-elle à faire un examen profond? Et celui qui a compté & peſé les raiſons, eſt-il encore ignorant?

Le ſceptique ſe raſſure mal-à-propos en diſant qu'il n'a rien à craindre, ſi c'eſt innocemment qu'il ſe trompe; qu'il ne ſera pas puni dans l'autre monde pour avoir manqué d'eſprit. Mais jamais ce ſceptique s'eſt-il accuſé de manquer d'eſprit? Une preuve de ſa vanité, eſt le mépris qu'il affecte pour ceux qui ſont convaincus. Il penſe aſſez bien de ſoi, pour croire qu'on ne peut aller au-delà des lumieres qu'il a acquiſes, & que tous les autres doivent douter où il doute. Quand il s'agit de ſes intérêts temporels les plus chers, il ſe contente des mêmes preuves qui tranquilliſent les ignorans: en fait de religion, il eſt pointilleux à l'excès; il veut des démonſtrations péremptoires, invincibles, ſans

réplique; & comme le dit M. l'abbé Bergier, en traitant ce sujet : » Il regarde la religion comme un
» procès entre Dieu & l'homme, comme un com-
» bat dans lequel celui-ci a droit de résister jusqu'à
» l'extinction de ses forces; & la loi divine comme
» un joug contre lequel nous sommes bien fondés
» à défendre notre liberté, c'est-à-dire, le privi-
» lége de suivre sans remords l'instinct des passions.
» Quiconque, continue-t-il, n'envisage point la
» religion comme un bienfait, la déteste déja; il
» est bien sûr de ne la trouver jamais suffisamment
» prouvée, & d'être toujours plus affecté par les
» objections que par les preuves. »

Quel doute plus terrible que celui de ne pas savoir qui l'on est, d'où l'on vient, où l'on va, pourquoi l'on est venu ! Le peu de soin que prend le sceptique pour en sortir, est, au jugement de Pascal, une chose monstrueuse; c'est un enchantement incompréhensible & un assoupissement surnaturel. Mais ce qui passe peut-être encore tout cela, c'est qu'il se fait bon gré de son ignorance, ou plutôt de son opiniâtreté; qu'il s'applaudit de n'être pas convaincu par les preuves qui entraînent le reste des hommes; que convaincu de l'impuissance de sa raison, il la met néanmoins au-dessus de la révélation, si respectable par tous les motifs de crédibilité qui l'accompagnent. » Il faut, dit Pascal, qu'il
» y ait un étrange renversement dans la nature de
» l'homme pour vivre dans cet état, & encore plus
pour

» pour en faire vanité. Car, quand ils auroient une
» certitude entiere qu'ils n'auroient rien à craindre
» après la mort que de tomber dans le néant, ne
» seroit-ce pas un sujet de désespoir plutôt que de
» vanité ? N'est-ce donc pas une folie inconcevable,
» n'en étant pas assurés, de faire gloire d'être dans
» ce doute ? Et néanmoins il est certain que l'hom-
» me est si dénaturé, qu'il y a dans son cœur une
» semence de joie en cela. »

C'est jusqu'à ce point que la révolution fatale s'est faite dans les esprits, depuis le milieu du dix-huitieme siecle, par rapport à la Religion.

## FIN.

## APPROBATION.

J'AI lu, par ordre de Monseigneur le Garde des Sceaux, un Manuscrit, qui a pour titre : Accord de la Philosophie avec la Religion. Je n'y ai rien trouvé qui puisse en empêcher l'impression. A Paris, le 30 Octobre 1782.

RIBALLIER.

Le Privilége se trouve au premier Volume.

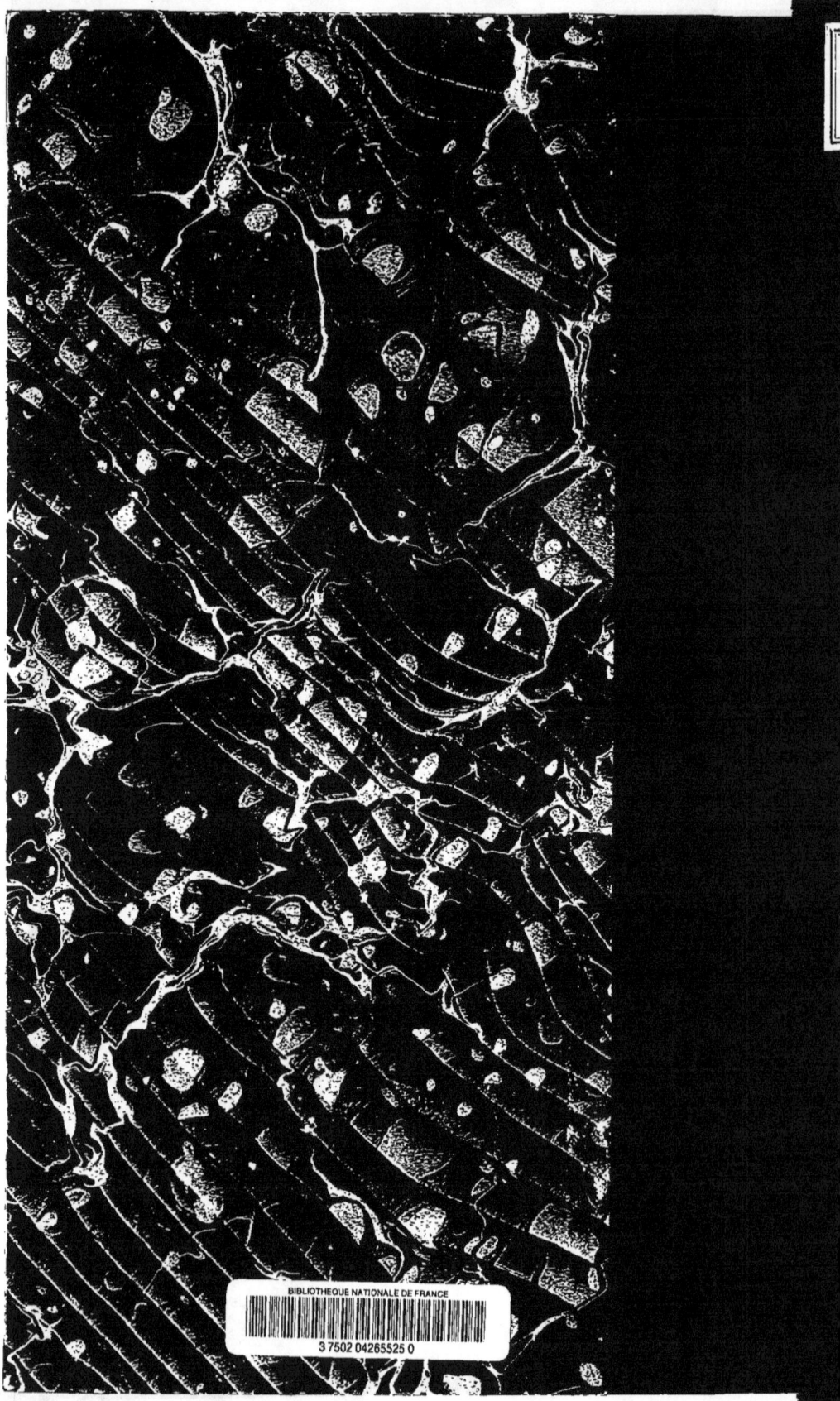

www.ingramcontent.com/pod-product-compliance
Lightning Source LLC
Chambersburg PA
CBHW060524090426
42735CB00011B/2358